土木工程科技创新与发展研究前沿丛书

箱梁桥病害分析与智能化加固技术

尼颖升　刘亚丽　马　晔　杨东辉　宋春霞　张学峰　编著

中国建筑工业出版社

图书在版编目（CIP）数据

箱梁桥病害分析与智能化加固技术 / 尼颖升等编著
. — 北京：中国建筑工业出版社，2023.8
（土木工程科技创新与发展研究前沿丛书）
ISBN 978-7-112-28688-1

Ⅰ.①箱… Ⅱ.①尼… Ⅲ.①箱梁桥-病害-分析②智能技术-应用-箱梁桥-加固 Ⅳ.①U448.21

中国国家版本馆CIP数据核字（2023）第078068号

本书以箱梁桥病害为研究对象，较为详尽地阐述了箱形结构桥梁的开裂与下挠病害的现状及大致成因、混凝土桥梁设计计算验算中存在的问题、混凝土桥梁结构计算分析方法的现状及预应力混凝土桥梁病害跟踪分析方法、精细化的空间网格分析方法、"拉应力域"的设计理论及"拉应力域"理论在空间网格模型中的表现与实现，并借助3座典型样本桥梁病害的计算分析过程，说明了拉应力域中主应力的概念如何在空间网格模型体现，同时也展现了空间网格分析方法的精细化与实用化。为弥补以往体外束加固技术的不足，本书将光纤光栅、钢绞线及"互联网＋"的概念相结合，试图达到更精准、智能地控制短、长期状态下钢索的应力状态。

本书可作为高等院校土木工程、桥梁工程等相关专业研究生的教材和参考书，也可供从事桥梁设计、施工和养护的相关技术人员、研究院（所）参考使用。

责任编辑：赵　莉
文字编辑：卜　煜
责任校对：姜小莲

土木工程科技创新与发展研究前沿丛书
箱梁桥病害分析
与智能化加固技术
尼颖升　刘亚丽　马　晔　杨东辉　宋春霞　张学峰　编著
*
中国建筑工业出版社出版、发行（北京海淀三里河路9号）
各地新华书店、建筑书店经销
北京鸿文瀚海文化传媒有限公司制版
建工社（河北）印刷有限公司印刷
*
开本：787毫米×960毫米　1/16　印张：11¼　字数：226千字
2023年7月第一版　　2023年7月第一次印刷
定价：**48.00**元
ISBN 978-7-112-28688-1
（41145）

版权所有　翻印必究
如有内容及印装质量问题，请联系本社读者服务中心退换
电话：（010）58337283　　QQ：924419132
（地址：北京海淀三里河路9号中国建筑工业出版社604室　邮政编码：100037）

前　言

我国建设预应力混凝土箱梁桥的历史至今已有 50 余年。据调研资料显示，预应力混凝土桥梁，特别是大跨径预应力混凝土桥梁服役多年之后出现了一些梁体的开裂和跨中下挠的通病，很多在役桥梁过早地进入了桥梁病害期和维修加固高峰时期。

实践证明，混凝土结构的任何损伤和破坏，一般都会首先在混凝土中出现裂缝，裂缝是反映结构病害的"晴雨表"。根据不同的标准，裂缝的分类方法有很多。根据裂缝出现的时间，可以分为施工阶段裂缝和使用阶段裂缝；根据产生部位，可以分为腹板裂缝、顶板裂缝及底板裂缝等。从结构分析角度来看，依据裂缝产生的外因不同，可以分为由外荷载引起的结构性裂缝和因变形引起的非结构性裂缝。前者又称为受力裂缝，裂缝的分布与宽度均受到外荷载的影响，这类裂缝的出现，预示结构承载力可能不足或者存在其他严重问题；非结构性裂缝包括了温度变化、混凝土收缩等因素引起的结构变形受限时产生的自应力开裂情况。另外，根据受力特性进行分类，裂缝还可以分为弯曲裂缝、剪切裂缝、扭转裂缝、断开裂缝及局部应力裂缝等。每种裂缝均具有各自的表现特征，从强度角度对应的应力关系来讲，主要表现为一维正应力破坏和二维主应力破坏两种类型。

据统计结果，腹板斜裂缝以及顶板、底板横向和纵向裂缝在结构性裂缝当中占据相当的比例，具有较明显的分布规律，并且此类裂缝的出现会对结构的整体受力产生较严重的影响，需要特别予以关注。这也是目前预应力混凝土箱梁桥典型的受力开裂类型。此类裂缝的出现也往往表明了结构抗剪承载能力和抗弯承载能力的不足，是反映结构使用性能和承载能力的"晴雨表"。此外，还有其他形式的裂缝，都需要受到足够的重视。裂缝出现以后，需要经过详细地分析，以判断裂缝的成因，之后针对性地予以加固和维修。

针对桥梁开裂的成因分析，常用的计算模型有很多种，如空间杆系模型、平面梁格模型和实体模型等。从设计计算角度来讲，以上这些计算方法有各自的不足：空间杆系模型缺乏空间效应精细化分析，如剪力滞效应、有效分布宽度问题、偏载系数问题等；由于平面梁格法在等效原理上的近似性，不能准确反映箱形组合梁的剪应力分布和顶板、底板局部受力；实体模型很难和总体计算相结合，且得出的应力为综合应力，不能针对性地逐条分解。而基于"拉应力域"的空间网格模型可以实现桥梁的精细化计算分析，并且具有分析完整性、验算应力全面性等优点，弥补了目前常用分析方法的不足。

书中也较为详尽地阐述了箱形结构桥梁的开裂与下挠病害的现状及大致成

因、混凝土桥梁设计验算中存在的问题、混凝土桥梁结构计算分析方法的现状及预应力混凝土桥梁病害跟踪分析方法、精细化的空间网格分析方法、"拉应力域"的设计理论及"拉应力域"理论在空间网格模型中的表现与实现，并借助3座典型样本桥梁病害的计算分析过程，说明了"拉应力域"中主应力的概念如何在空间网格模型体现，同时也体现了空间网格分析方法的精细化与实用化。

目前桥梁开裂后的加固方法有很多种，其中主动加固的形式主要为布置体外预应力钢束。而体外束应力损失是普遍性问题，纯机械性的且没有有效监测措施的张拉锚固，有时候应力损失达到40%以上。鉴于此，本书将光纤光栅、钢绞线及"互联网+"的概念相结合，试图达到更精准、智能地控制短、长期状态下钢索的应力状态。

体外索的智能化就是将钢绞线与光纤光栅技术相结合，并借助数据采集、传输及识别系统，实现钢束的应力、张力监测及裂缝的动态变化监测。随着光纤光栅技术的应用，内嵌钢绞线的思路已形成，现处于专利批复和产品生产合作阶段，即将逐步地面向市场。光纤光栅技术在其他领域运用较为广泛且成熟，在桥梁的监测领域落实应用尚少，尤其建管养一体化的概念刚刚兴起，故光纤光栅技术还没有成熟的案例，但是其优势较为明显，值得尝试和探讨。

基于空间网格分析方法可以精细化分析桥梁的开裂成因，借助光纤光栅技术可有效监测钢束的受力和裂缝开展的动态变化，将两者完美结合，可实现更加可靠、有效的加固效果。短、长期监测系统的开发应用也正是"互联网+"理念的推广。随着建管养一体化理念的延伸、拓展，参考采用体外索加固桥梁的案例，争取将两者结合，并在短、长期状态下发挥光纤光栅信息高效化的优势，促进一整套系统的研发应用及技术推广。

本书得到了国家自然科学基金创新研究群体项目"工程安全与监控"、国家自然科学基金面上项目（52078102）及国家自然科学基金面上项目（51178335）的大力支持！参与本书编写工作的单位包括交通运输部公路科学研究所、中国航天科技集团五院503所（航天恒星科技有限公司）以及大连理工大学，三家单位为本书核心内容的编写、校正及光纤信息化方面做了大量工作，也提供了大量材料和指导。北京交通大学的刘胜春副研究员在光纤光栅的实际应用中提供了工程素材，在此深表感谢！

希望本书的出版能够为我国从事桥梁精细化分析的研究人员和智能化加固的技术人员在空间网格精细化分析原理及加固领域光纤光栅的信息化应用方面提供启发和帮助。同时，为桥梁维修养护领域的精细化分析和智能化加固产业化运用做出微薄贡献。

目 录

第1章 绪论 ... 1
1.1 箱形结构桥梁的发展与现状 ... 1
1.2 箱形结构桥梁的病害 ... 4
1.2.1 预应力混凝土桥梁开裂病害 ... 4
1.2.2 预应力混凝土桥梁下挠病害 ... 8
1.3 混凝土桥梁设计验算中存在的问题 ... 10
1.3.1 结构精细化分析手段不足 ... 10
1.3.2 主拉应力控制和合理配束问题 ... 11
1.3.3 抗剪配筋认识不足 ... 12
1.4 预应力混凝土桥梁结构分析方法的现状 ... 13
1.4.1 第一层次分析方法——单梁杆系分析法 ... 13
1.4.2 第二层次分析方法——梁格法及空间网格法等 ... 14
1.4.3 第三层次分析方法——板壳法及实体法 ... 14
1.5 预应力混凝土桥梁病害跟踪分析方法 ... 15
1.6 本书背景及项目研究内容 ... 16
1.6.1 本书背景及研究目的 ... 16
1.6.2 本书主要研究内容 ... 17

第2章 空间网格分析方法 ... 18
2.1 空间网格分析方法 ... 18
2.1.1 空间网格模型概念 ... 18
2.1.2 空间网格模型计算形式及表达方式 ... 19
2.2 空间网格分析方法适用范围 ... 24
2.3 网格验算应力概述 ... 25
2.3.1 网格化箱梁板件的应力 ... 25
2.3.2 板件验算应力的基本单元 ... 27
2.3.3 板件应力的表达方式——三层应力 ... 28
2.4 单梁转化为空间网格模型概述 ... 30
2.5 六自由度单梁转化为空间网格模型及作用力的转换 ... 30
2.6 本章小结 ... 32

第3章 "拉应力域"理论 ································· 34
3.1 概况 ······································· 34
3.2 "拉应力域"配筋设计理论 ····················· 35
3.2.1 "拉应力域"定义 ························· 35
3.2.2 抗剪构件的广义化 ······················· 37
3.2.3 网格抗剪钢筋的提出 ····················· 40
3.2.4 "拉应力域"理论的基本假定 ··············· 41
3.2.5 混凝土剪切破坏准则 ····················· 41
3.2.6 "拉应力域"的深度及其划分 ··············· 42
3.2.7 "拉应力域"配筋计算方法 ················· 43
3.3 本章小结 ··································· 46

第4章 预应力混凝土箱梁桥开裂分析 ················· 47
4.1 箱梁桥病害状况及成因概述 ··················· 47
4.2 案例桥梁1开裂分析 ·························· 48
4.2.1 工程概况 ······························· 48
4.2.2 桥梁病害情况 ··························· 50
4.2.3 模型概况及工况模拟 ····················· 51
4.2.4 计算结果 ······························· 53
4.2.5 分析总结 ······························· 71
4.3 案例桥梁2开裂分析 ·························· 73
4.3.1 工程概况 ······························· 73
4.3.2 桥梁病害情况 ··························· 75
4.3.3 模型概况及工况模拟 ····················· 76
4.3.4 计算结果 ······························· 80
4.3.5 分析总结 ······························· 107
4.3.6 腹板主应力对预应力损失的敏感性研究 ····· 108
4.4 案例桥梁3开裂分析 ·························· 116
4.4.1 工程概况 ······························· 116
4.4.2 检测结果 ······························· 117
4.4.3 腹板开裂原因分析简述 ··················· 122
4.4.4 模型概况 ······························· 122
4.4.5 计算结果 ······························· 125
4.4.6 分析总结 ······························· 156

  4.5 本章小结 ·········· 157
第5章 箱梁桥病害加固措施及智能化加固新技术理念阐述 ·········· 160
  5.1 箱梁桥常用材料加固方法分析及智能化加固方法的提出 ·········· 160
  5.2 智能化加固方法阐述 ·········· 164
第6章 结论与展望 ·········· 167
  6.1 结论 ·········· 167
  6.2 展望 ·········· 169
参考文献 ·········· 170

第 1 章 绪 论

1.1 箱形结构桥梁的发展与现状

箱形截面的最大优点是抗扭刚度大，其抗扭惯性矩约为 T 梁截面的十几倍至几十倍。因此，在横向偏心荷载作用下，箱梁桥的受力比 T 梁桥均匀得多。箱形截面的另一优点是横向抗弯刚度大，其单片稳定性也比 T 梁好得多。当桥梁跨度继续增大时，箱形截面是最适宜的横截面形式。在目前已建成的大跨径预应力混凝土梁桥中，跨径超过 60m 后，除极少数外，其横截面大多为箱形截面。这种闭合薄壁截面抗扭刚度很大，对于曲线桥和采用节段法（悬臂法、顶推法）施工的桥梁尤为有利。这主要是因为箱形截面的顶板、底板都具有比较大的面积，所以能够有效地抵抗正负弯矩，并满足配筋要求。箱梁结构的梁桥形式是按简支梁→T 型钢构→连续梁→连续刚构逐步应用、演化的，以下沿着演化路径来陈述箱梁结构桥梁的发展概况。

（1）简支梁发展历程

中小跨径时，一般都是采用简支梁。近年来，随着车速的提高和行车舒适的要求，简支梁逐步发展为由每孔设伸缩缝到采用桥面连续结构。我国最大的简支梁是 1997 年建成的昆明南过境干道高架桥，这是一座桥上的桥，该桥纵向跨越原 3 孔 16m 梁桥及桥台，形成 63m 的跨径，已超过跨径 62m 的浙江飞云江大桥而占据中国首位。截面形式为单箱单室，梁高 2.5m，为跨径的 1/25.2，顶板、底板厚 0.25m，腹板厚度为 0.30～0.45m，比较轻型，纵向束平弯，多数锚固在肋腋范围，在梁的两端设弯起束。

河南省的洛阳、郑州、开封黄河大桥均采用 50m 简支梁，其中开封黄河大桥设计成部分预应力混凝土桥。在河南伊洛河桥上曾采用跨径 50m 的鱼腹式梁，支点处梁高较跨中梁高小。

国外简支梁最大跨径为 76m 的奥 Alm 桥。该桥采用双预应力，即除设预应力筋外，在截面的另一端设预压力筋，为防止钢筋在受预压力时发生压屈，该桥把预压力筋的预留孔道做成椭圆形，相邻椭圆形相位差 90°。由于双预应力，截面高度小，仅为 2.5m，为梁跨径的 1/30。双预应力梁端的局部应力较大，后来日本曾将预压力筋设在离端部有一定距离的上翼缘板预留槽中，而不设于端部，使局部应力问题趋于缓和，但至今仍用不多。我国河北滦平县修建了大屯试验桥，该桥跨径为 3×40m，由 5 片顶宽为 2.1m 的箱梁组成，梁高 1.35m，高跨比接近于 1/30。

现在我国所用 16m 以上的简支梁均采用预应力结构，有时在 13m 的空心板中也采用预应力。鉴于桥面连续比较容易出现开裂，趋向于采用连续结构，即采用中等跨径的连续梁、连续刚构，也可先简支、后连续，以提高结构的耐久性，延长桥梁结构使用寿命。

(2) T 型钢构发展历程

20 世纪 20 年代，德国首次采用平衡悬臂施工法建成了跨径 114.2m 的 Worms 桥，开创了混凝土梁桥采用大跨径的新局面，T 构得到了迅速的推进和发展。截面采用箱形截面，墩梁固结形式，在跨中设置剪力铰。在长期运营过程中发现，跨中设置剪力铰的 T 构，铰处因混凝土徐变下挠而形成折角，引起跳车现象，而且剪力铰也较易破坏。

从此，带铰 T 构逐步向两个方向发展。在我国主要由带挂梁的 T 构所代替，最大为跨径 174m 的重庆长江大桥。这种结构避免了铰处的折角，化解为折线，有利于行车；但伸缩缝较多，牛腿构造复杂，易损坏，施工时除需要挂篮设备外，还需要吊车挂梁设备。国内已建 T 构较少的另一原因是主梁高度过大，不经济。贵州省已建成的两座两跨预应力混凝土 T 构桥：小阁丫大桥跨径为 (138.1+138.1) m，主梁根部高度为 13.4m；两岔河大桥跨径为（132+126）m，主梁根部高度为 13.4m，主梁根部高度约为跨度的 1/10，两座桥主梁端部梁高均为 4.1m。两跨 T 构，由于悬臂安装施工过程，悬臂长度大，主梁根部负弯矩大，导致主梁梁高较大。在三跨正常布孔的中跨跨径与两跨 T 构跨径相同的情况下，后者主梁根部高度约为前者的 1.6 倍。所以，如果桥长相等，T 构往往造价较高。因此，T 构的结构形式采用较少。

(3) 连续梁发展历程

连续梁适用范围很广，从中小跨径发展到特大跨径。中小跨径时往往采用满堂支架浇筑，或先简支后连续。对大跨径桥梁，随着交通运输的迅速发展，要求行车平顺舒适，多伸缩缝的 T 构已不能满足要求，于是连续梁得到了迅速的发展。用顶推法施工时，一般限于等截面连续梁；悬臂施工时，往往采用变截面，墩临时梁固结，合龙后将墩梁连续改为支座，转换体系而成连续梁。

大跨径连续梁一般采用箱形截面，可以多跨连续，英国 Orwell 桥，全长 1288m。连续梁行车平顺，但需临时固结墩梁和成桥后转换结构体系，同时需要大吨位盆式橡胶支座，养护工作量也较大。

国外最大的连续梁为跨径 260m 的挪威 Varodd-2 桥，我国为跨径 165m 的南京长江北汊大桥和宿淮高速京杭运河特大桥。变截面连续梁的高跨比，跨中一般为 1/50～1/30，支点处为 1/20～1/15，边跨与中跨的比值一般为 0.6～0.8。

(4) 预应力混凝土连续刚构桥发展历程

随着国家经济的快速发展，人们对现代化交通的要求也越发严格，T 型钢构和连续梁由于跨越能力受限，不再能充分满足工程建设的要求。因此，行车平稳舒适、伸缩缝少、抗震能力强的大跨径应力混凝土连续刚构桥在桥梁建筑方面得到了快速发展和推广。

连续刚构的特点是梁体连续，墩梁固结。这样既保留了连续梁无伸缩缝、行车平顺的优点，又保留了 T 构不需转换结构体系、不需设支座的优点，同时避免了连续梁和 T 构两者的缺点。因此，连续刚构这种体系近年来得到了快速的发展，可以这样说，采用连续刚构桥是大跨径混凝土桥梁发展的必然趋势。我国跨径 180m 以上的梁桥，都采用连续刚构。国内外的大跨径连续刚构如表 1-1 所示。

国内外预应力混凝土连续刚构桥　　　　表 1-1

序号	桥名	主桥跨径(m)	国家	建成年份
1	Boatyard 桥	72+2×173+72	澳大利亚	1982
2	桑达伊桥	120+298+120	挪威	1986
3	广东洛溪大桥	65+125+180+110	中国	1988
4	Houston 运河桥	114+228.6+114	美国	1991
5	重庆江津长江大桥	140+240+140	中国	1997
6	东莞虎门大桥辅航道桥	150+270+150	中国	1997
7	Stolma 桥	94+301+72	挪威	1998
8	东营黄河公路大桥	200+220+200	中国	2005
9	重庆石板坡长江大桥复线桥	4×138+330+132.5	中国	2006
10	江苏苏通大桥专用航道桥	140+268+140	中国	2007

由表 1-1 可见，我国的混凝土连续刚构桥发展很迅速，自从 1988 年我国第一座现代连续刚构桥——广东洛溪大桥建成后，国内掀起了一个建设连续刚构的高潮。到了 2015 年，已建和在建的主跨 200m 以上的连续刚构有 78 座，其中主跨 240m 及以上的有 28 座，最大跨径是 270m 的东莞虎门大桥辅航道桥；主跨 250m、总长超过 1000m 的多跨连续刚构有重庆花园大桥和马鞍山嘉陵江大桥；带有短边跨的有主跨 252m 的四川泸州长江二桥，其一侧边跨仅有 49.5m。已经完工的重庆石板长江大桥主跨跨径 330m，跨中 108m 区段采用自重较轻的钢箱梁，形成混合梁连续刚构。国外的预应力混凝土连续刚构桥的主跨已突破 330m。挪威修建了不少大跨径连续刚构，Stolma 桥主跨已达到 301m；该国修建的一些刚构桥较多地在主跨跨中范围内采用材质较轻的混凝土，可以比较有效地减少恒载内力，节约材料，值得我们参考。

1.2 箱形结构桥梁的病害

国外为修复战后受损桥梁，建造了大量的混凝土桥梁。我国自20世纪70年代后，同样建造了数以万计的预应力混凝土桥梁。随着此类桥梁的大规模修建和应用，相对于其百年的设计基准期，不管是国内还是国外，都过早地进入了桥梁病害期和维修加固高峰时期。

预应力混凝土桥梁，特别是大跨径预应力混凝土桥梁服役多年之后出现了一些通病，主要是梁体的开裂和跨中下挠两种病害形式。

1.2.1 预应力混凝土桥梁开裂病害

交通运输部公路科学研究所对全国公路系统主跨跨径大于60m的近180座预应力混凝土箱梁桥做过相关的裂缝情况调查，统计结果表明，上述样本中所有的箱梁桥均出现了不同程度的开裂。依据开裂的严重程度及开裂位置统计分类如表1-2所示。

开裂情况统计结果　　　　　　表1-2

类别	轻度开裂		中度开裂		重度开裂	
程度百分比(%)	34		21		45	
桥型	连续梁	连续刚构	连续梁	连续刚构	连续梁	连续刚构
桥型分布百分比(%)	34	33	22	17	44	50
开裂位置	腹板	顶板	底板		横隔板	齿板
开裂百分比(%)	86.4	90.9	54.5		86.4	36.4

实践证明，混凝土结构的任何损伤和破坏，一般都会首先在混凝土中出现裂缝，裂缝是反映结构病害的"晴雨表"。根据不同的标准，裂缝的分类方法有很多。根据裂缝出现的时间，可以分为施工阶段裂缝和使用阶段裂缝；根据产生部位，可以分为腹板裂缝、顶板裂缝及底板裂缝等。

从结构分析角度来看，依据裂缝产生的外因不同，可以分为由外荷载引起的结构性裂缝和因变形引起的非结构性裂缝。前者又称为受力裂缝，裂缝的分布与宽度均受到外荷载的影响，这类裂缝的出现，预示结构承载力可能不足或者存在其他严重问题；非结构性裂缝，包括了温度变化、混凝土收缩等因素引起的结构变形受限时产生的自应力开裂情况。

另外，根据受力特性进行分类，裂缝还可以分为弯曲裂缝、剪切裂缝、扭转裂缝、断开裂缝及局部应力裂缝等。每种裂缝均具有各自的表现特征，从强度角度对应的应力关系来讲，主要表现为一维正应力破坏和二维主应力破坏两种类型。预应力混凝土箱梁桥中常见的一些开裂位置及开裂原因汇总如表 1-3 所示。

桥梁结构中常见的开裂病害　　　　　　　　表 1-3

裂缝类型	裂缝形态	常见位置	可能开裂原因
底板横向裂缝、腹板下缘竖向裂缝		跨中附近底板及腹板	正弯矩拉应力破坏
顶板横向裂缝、腹板上缘竖向裂缝		桥墩部位顶板及腹板	负弯矩拉应力破坏
腹板中部斜裂缝		$L/4$ 跨及梁端附近腹板	主应力剪切破坏
与底板横向裂缝贯通的腹板裂缝		剪跨区的底板及腹板	剪切破坏
贯通腹板、底板的螺旋状裂缝		$L/4\sim 3L/4$ 区域的底板及腹板	主应力剪切破坏
顶板、底板纵向裂缝		跨中附近厚度较薄底板，全桥顶板，板中部、折角附近	横向拉应力破坏
底板层间横向裂缝		配有底板正弯束的跨中底板	钢束外崩力
锚下发散裂缝		锚固处、梁端及齿板	局部承压
沿预应力管道裂缝		预应力管道	粘结破坏

续表

裂缝类型	裂缝形态	常见位置	可能开裂原因
齿板局部区域裂缝		齿板与顶板、底板、腹板交界处，齿板侧面及前端纵向裂缝	局部拉应力
横隔板裂缝		横隔板过人孔周边，正上方及两侧	施工及局部应力集中

注：L 为桥梁结构的跨径。

通过表 1-2 及表 1-3 的统计结果可以看出，腹板斜裂缝以及顶板、底板横向和纵向裂缝在结构性裂缝当中占据相当的比例，具有较明显的分布规律，并且此类裂缝的出现会对结构的整体受力产生较严重的影响，需要特别予以关注。

（1）腹板斜裂缝

基于强度理论的基本观点，腹板斜裂缝的出现，是由于主拉应力超过了容许拉应力。对于预应力混凝土箱梁桥来说，腹板斜裂缝主要分布在距离支座 $L/4$ 范围内，方向约呈 45°分布，如图 1-1 所示。腹板斜裂缝出现的主要原因是支座附近剪应力较大，腹板厚度不足时，抗剪承载能力不足。预应力钢束在支座附近没有弯起，会导致沿主拉应力方向抗裂安全储备不足，也会导致此范围内腹板出现斜裂缝。

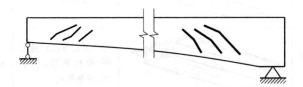

图 1-1 腹板斜裂缝示意图

预应力混凝土箱梁桥作为桥梁工程中薄壁结构的典型代表，受力具有薄壁效应的特性，即沿板的厚度方向，面内应力均匀分布，面外应力较小，受力特性满足二维应力状态。以腹板为例，腹板的面外横向正应力 σ_z 及剪应力 τ_{xz} 和 τ_{yz} 数值较小。其主要的受力为腹板的面内纵向正应力 σ_x，面内竖向正应力 σ_y 以及面内剪应力 τ_{xy}。截面在开裂以前，结构处于弹性状态，主应力的计算可以采用材料力学中的公式进行计算，即：

$$\begin{matrix}\sigma_{tp}\\ \sigma_{cp}\end{matrix} = \frac{\sigma_x+\sigma_y}{2} \mp \sqrt{\left(\frac{\sigma_x-\sigma_y}{2}\right)^2+\tau_{xy}^2}$$

根据主拉应力的计算公式，假定主拉应力 $\sigma_{tp}=0$，可以得出主拉应力控制的

判别式,即:

(a) 当 $\sigma_x\sigma_y > \tau_{xy}^2$ 时,腹板只出现主压应力,无主拉应力;

(b) 当 $\sigma_x\sigma_y < \tau_{xy}^2$ 时,腹板有主拉应力,可以通过调整 σ_x 与 σ_y 的乘积来进行主动控制。

桥梁结构中面内纵向正应力 σ_x 主要是纵向预应力及弯曲正应力的叠加结果,抗力部分主要由纵向预应力钢束提供;面内竖向正应力 σ_y 主要由竖向预应力提供。此外弯起预应力钢束有助于提高面内竖向正应力 σ_y 和减少面内剪应力 τ_{xy}。在所有设计应力控制目标达到,各向预应力效应满足设计要求的情况下,可以认为主拉应力是可以得到控制的。但在实际的工程当中,由于竖向预应力钢束长度较短,加之施工过程中的问题,往往导致竖向预应力损失较大,对腹板施加的预压应力 σ_y 不明显,达不到预期的控制效果。此时,如果弯起钢束配置不足,或者是无弯起钢束,将会导致腹板抗剪承载力不足,在主拉应力超限范围内,出现垂直于主拉应力方向的结构性开裂。

此外,腹板主拉应力引起的斜向开裂属于面内破坏,开裂是贯通板厚的。对于结构刚度的削弱效应要更加明显,破坏的严重程度要引起足够的关注。此类开裂的出现,属于明显的结构性裂缝,在桥梁病害中具有普遍性,需要综合地进行研究和判断,为后续进一步的加固提供指导。

(2) 顶板、底板横向及纵向裂缝

表 1-3 的统计资料结果显示,顶板、底板同样是开裂的主要病害区。顶板、底板的开裂形态通常是横向及纵向开裂,如图 1-2 所示。横向开裂指的是垂直于桥梁轴线方向的裂缝,纵向开裂是指平行于桥梁轴线的裂缝。

  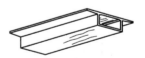

(a) 底板横向开裂　　　　(b) 顶板横向开裂　　　　(c) 顶板、底板纵向开裂

图 1-2　顶板、底板典型开裂图

顶板、底板横向开裂现象大多是一维正应力指标超限所致,属于弯曲正应力开裂。在正、负弯矩较大的位置,当预应力配置不足,预应力损失过大,或者是作用效应(大交通、重交通作用)超过了抗裂性要求时,加之剪力滞效应的影响,会出现较大的拉应力,并导致由拉应力导致的开裂。此类裂缝属于明显的受力裂缝,常出现在跨中正弯矩较大位置和墩顶负弯矩较大位置。底板横向裂缝与腹板竖向裂缝相连接,形成 U 形开裂,是构件正截面抗弯承载能力不足的明显体现。

针对预应力混凝土箱梁桥,顶板、底板纵向开裂的原因主要是箱梁的畸变和横向弯曲。由于箱梁顶板、底板的剪应力相对较小，在依据主应力公式计算时，主拉应力的方向大致与箱梁顶板、底板的横向正应力方向相同，裂缝方向大致与桥梁轴线平行。在重交通荷载的作用下，如果顶板过于薄弱，横向预应力不足时，往往会导致顶板的横向弯曲开裂，顶板下缘出现纵向裂缝。此外，由于箱梁结构具有明显的空间效应，最明显的是框架效应，在温差作用、曲线布束径向力作用下，都会导致底板的横向弯曲受力。底板横向通常不布置预应力钢束，在各种效应综合作用下，配筋不足时，会导致底板的纵向开裂。

若底板纵向开裂严重发展，造成底板混凝土之间错动，甚至出现贯通裂缝，会严重加大开裂区域箱梁的纵向受力和变形，此处箱梁由闭口截面转变为开口，造成腹板剪应力的增大，进而导致腹板斜裂缝的出现。

上述两个位置的开裂，是目前预应力混凝土箱梁桥开裂的两种最典型的受力开裂类型。两类裂缝的出现也往往表明了结构抗剪承载能力和抗弯承载能力的不足，是反映结构使用性能和承载能力的"晴雨表"。此外，还有其他形式的裂缝，都需要受到足够的重视。裂缝出现以后，需要经过详细地分析，以判断裂缝的成因，之后针对性地予以加固和维修。

1.2.2 预应力混凝土桥梁下挠病害

预应力混凝土桥梁的开裂往往不是单独发生的，常伴随着结构的下挠等其他病害问题。下挠病害不仅会影响桥梁结构的正常使用性能，造成行车的不顺畅，而且还会引起混凝土过大的应变，超出容许限值以后，就会加剧裂缝病害的发展。

两种病害之间相互影响，往往形成恶性循环。例如，结构开裂以后，刚度相应地削弱，会引起跨中的下挠；同时，下挠又会进一步增大结构的应变，加剧开裂病害的发生。目前，关于开裂与下挠两者病害之间的发生机理，还存在一定的争论。关于是"先开裂，刚度降低引起下挠"，还是"先下挠，大应变再引起开裂"仍然处于讨论当中。但是，大家公认的一点就是，两种病害之间存在相互影响和恶化的关系。

关于两种病害之间存在的相互影响关系需要继续进行跟踪研究。依据开裂形式的不同、开裂位置的差异以及涉及的较多因素的影响，开裂与下挠两种病害之间的关系可能并非完全的相互恶化过程。

迄今为止，国内外有很多预应力混凝土桥梁出现了下挠的问题，这一问题已经成为一个国际性的课题。其中，太平洋岛国帕劳共和国于 1977 年建成的 Koro-Babeldaob 桥，由于下挠过大，于 1996 年进行体外预应力加固，但是加固后不久就倒塌了。图 1-3 所示即为 Koro-Babeldaob 桥倒塌前后的情景。

设计过程中，预应力混凝土桥梁的挠度，往往是采用预拱度的方法来进行控

(a) 下挠的Koro-Babeldaob桥　　　　　(b) 加固后倒塌的Koro-Babeldaob桥

图 1-3　帕劳 Koro-Babeldaob 的下挠和倒塌事故

制的。例如，我国《公路钢筋混凝土及预应力混凝土桥涵设计规范》JTG 3362—2018 中规定：当预加应力的长期反拱值小于按荷载短期效应组合计算的长期挠度时，应设置预拱度，其值应按该项荷载的挠度值与预应力长期反拱值之差采用。虽然施工过程中，可以采用预拱度的方式调整结构挠度和线形，但是在使用阶段，由于结构受力恶化造成的挠度加剧是无法通过此种方法控制的，必须理清下挠原因，进行针对性地加固和补强。并且由 Koro-Babeldaob 桥加固完成后的倒塌案例可以看出，加固措施的施加也必须做到安全可靠，不然会造成相反的效果。

表 1-4 给出了对国内外部分预应力混凝土桥梁跨中下挠情况的调查结果。

国内外部分大跨径预应力混凝土桥梁下挠情况　　　　表 1-4

桥名	桥型	桥址	主跨（m）	下挠量（cm）	挠跨比	建成年	测量年
Stolma Sundet 桥	连续刚构	挪威	301	9.2	1/3272	1998	2001
Koro-Babeldaob 桥	带铰刚构	帕劳	241	120	1/201	1977	1990
Parrotts 桥	连续刚构	美国	195	63.5	1/307	1978	1990
Grand-Mere 桥	连续梁	加拿大	181.4	30	1/605	1977	1986
虎门辅航道桥	连续刚构	中国	270	22.3	1/1211	1997	2003
黄石大桥	连续刚构	中国	245	30.5	1/803	1995	2002

下挠病害的表现的主要特点为：①挠度持续增加，并且其增长率随时间有一定的关系，表现为持续下挠和加速下挠；②实测的长期挠度要远大于设计计算值；③跨中下挠会进一步加剧主梁底板开裂，结构刚度进一步降低，反过来加剧跨中的挠度。目前，许多学者对大跨径预应力混凝土桥梁的下挠问题进行了分析和研究，比较公认的几个导致跨中下挠的原因是：①混凝土的收缩徐变（包括箱梁断面构件不同厚度导致的收缩差异影响、交通荷载和温度变化引起的反复荷载效应、施工接缝的影响、环境温度与湿度的变化等）；②对预应力长期损失估计

偏低；③混凝土开裂的影响；④施工方法（特别是合龙方式）导致的不利的成桥应力状态。

开裂和下挠病害的成因是多方面的，涉及结构理论、设计分析方法、施工工艺及建筑材料等多方面的因素，并且各种因素之间相互作用、相互影响。在前期设计和建设过程中，特别是 20 世纪 70～90 年代，预应力混凝土桥梁因其造价合理、施工方便等优点，在国内外得到了广泛的应用。但是当时的结构分析方法以及材料理论研究等方面还不成熟，由此导致当时修建的桥梁出现了上述两种常见的病害。问题的出现也使大家对大跨径预应力混凝土桥梁的应用产生了不安，在一定程度上制约了此类桥梁的发展和应用。对于两种病害之间的相互影响和劣化的过程仍然有待研究，本书将针对剪切破坏导致结构开裂以后，模拟开裂病害，研究开裂对挠度的影响，以及挠度增大对开裂发展的贡献。跟踪上述过程，以期对后续的大跨径预应力混凝土桥梁的建设和发展提供帮助。

1.3 混凝土桥梁设计验算中存在的问题

预应力混凝土桥梁开裂下挠病害的出现，与设计过程中存在的问题有很大的关系，当前大跨径预应力混凝土桥梁存在的主要问题包括结构精细化分析手段不足、主拉应力控制和合理配束问题及抗剪配筋认识不足等。

1.3.1 结构精细化分析手段不足

结构分析的基本思想就是根据实际结构的受力特性，采用合理的力学模型，尽可能地模拟原有结构的受力和变形。在早期桥梁的设计和建设中，大量地采用了窄桥等受力满足梁的受力特性的结构，通常采用单梁分析法进行结构分析，该方法对于整体效应的分析，特别是内力（弯矩、剪力及轴力等）的分析是可靠的。对于空间效应的处理，往往是进行独立分析，包括利用有效宽度的方法分析剪力滞效应；利用横向分布系数的概念计算荷载的横向分配问题；利用横向框架分析的方法考虑横向弯曲等受力问题。独立分析过程，具有一定的适用范围，且分析起来较为繁琐，更重要的是部分情况下，分析的精确程度有待讨论。

随着桥梁结构形式日益向着轻型化、复杂化的方向发展。宽桥、斜弯桥、异形桥及复杂截面形式的桥梁得到了大量应用，对于此类复杂桥梁，受力特性已经不完全满足梁的受力特点，空间受力特点要更加显著。因此对于此类桥梁的分析，利用原有的平面杆系分析方法已经不适合。

目前工程界中，为了应对结构精细化分析的需求，开始采用 Hambly "剪力柔性"梁格法、板壳法及实体法等方法辅助设计，几种计算方法均具有各自的问题。梁格法中横梁单元的主要功能是传递横向荷载,不能计算截面的横向框架效应和箱形截面的横向畸变效应,当顶板作用局部荷载时,不能用来分析计算横向弯曲受力的工况。该方法中顶板、底板的剪力流无法区分开,无法分析扭转作用下顶板、底板的剪应力和主应力,对于结构精细化分析仍然是有缺失的。板壳法和实体法虽然对于精细化分析是足够精确的,但存在的一个重要问题是:无法将板壳法和实体法得到的应力结果直接应用于结构设计,需要通过复杂的积分运算等,并且在模拟预应力损失、施工工况方面也较为复杂。

对于预应力混凝土桥梁,需要关注的应力指标内容较多。特别是箱形截面,闭口截面的受力特点决定了关注的对象不应该仅包括腹板,还需要将顶板、底板囊括在内,特别是要关注顶板、底板的二维主应力情况,将顶板、底板也作为抗剪设计构件来看待。

1.3.2 主拉应力控制和合理配束问题

本书1.2.1节中曾对主拉应力控制判别式进行了介绍。依据判别式 $\sigma_x\sigma_y > \tau_{xy}^2$ 判断可以看出,只需要满足此判别式,即可达到不出现主拉应力的目的。在所有设计应力控制目标达到,各向预应力效应满足设计要求的情况下,可以认为主拉应力是可以得到控制的。

此判别式在理论上是正确的,但在实际工程中,理想的设计状态往往是无法达到的。以预应力损失引起的变化为例,由于施工质量的问题,会出现管道不平顺,管道漏浆等现象,引起较大的摩阻损失,常常造成纵向预应力损失远超设计预期;竖向预应力由于锚具不垂直、锚具与垫板之间有杂物等问题,造成过大的锚具变形损失;由于浇筑过程中浮浆的影响,也会引起管道位置的改变,造成横向预应力施加不足。上述问题中,纵向预应力问题引起 σ_x 的减小;竖向预应力问题更大,由于竖向预应力通常长度较短,锚具变形损失会引起较大的 σ_y 的减小,《公路钢筋混凝土及预应力混凝土桥涵设计规范》JTG 3362—2018 中考虑竖向预应力60%有效,但是实际情况可能更加严重。上述预应力损失造成的应力的变化,使得判别式 $\sigma_x\sigma_y$ 乘积一侧数值明显偏小,导致主拉应力破坏问题。

另一方面对于实际结构来说,由于沿截面高度方向,各处的 σ_x、σ_y 及 τ_{xy} 是不同的,利用同一判别式并不能完全包络所有位置。因此就会导致部分位置的主拉应力不能完全得到控制。

目前,许多大跨径预应力混凝土桥梁采用了三向预应力体系,包括纵向预应力钢束、竖向预应力钢束和横向预应力钢束。对于纵向预应力钢束的设计和布置,为了施工时简便,减少腹板厚度,降低自重,往往采用平行束的布束方式,并从理论角度,通过预应力的扩散角度,提出了直线布束结合竖向预应力的三向预应力体系思想。图1-4给出了按照德国规范预应力扩散角为26°时预应力的空白区。理论上上述思路是正确的，但在实际应用过程中，由于竖向预应力的施工质量难以保证，导致了无法达到三向预应力的目的。

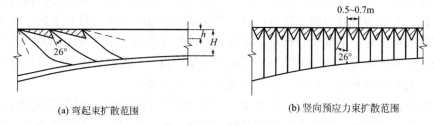

图 1-4 预应力空白区

当采用"纵向直线布束＋竖向预应力＋横向预应力"的三向预应力体系时，以底板来讲，若未布置横向预应力束，并且未采用足够的底板构造钢筋时，对于底板的主拉应力，会出现预应力钢束"照顾不到"的空白区，造成底板的开裂破坏，示意图如图 1-5 所示。

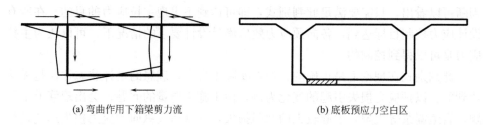

图 1-5 底板预应力空白区

1.3.3 抗剪配筋认识不足

大跨径预应力混凝土桥梁的开裂下挠问题，不仅是使用阶段应力及变形的问题，还与极限阶段配筋设计理论有关。

目前我国规范采用的抗剪配筋理论为隔离体理论。斜截面的抗剪承载能力主要由两部分组成：第一部分为混凝土和箍筋共同组成的抗剪承载力；第二部分为弯起预应力钢束提供的抗剪承载力。配筋的基本思想是，利用混凝土本身的抗剪能力及弯起预应力钢束提供的预剪力来防止开裂，利用竖向非预应力钢筋来控制裂缝的发展，并补偿纵向弯起预应力束预应力空白区，腹板水平钢筋仅作为构造钢筋布置。斜截面抗剪示意图如图 1-6 所示。

但在实际情况中，腹板由于主拉应力破坏产生了斜裂缝以后，原先混凝土承担的主拉应力将转移由钢筋承担。竖向箍筋承担主拉应力的垂直分量，水平分量将由腹板内布置的水平钢筋来承担。因此，新的抗剪设计理论中，水平钢筋应该同样作为抗剪受力钢筋进行设计，而不能仅作为构造钢筋来设计。

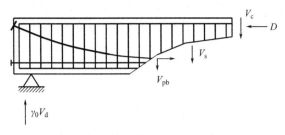

图 1-6　斜截面抗剪承载力示意图

1.4　预应力混凝土桥梁结构分析方法的现状

目前针对预应力混凝土桥梁的结构分析方法有很多，且依据相关的理论，结合计算机程序逐渐实现了软件化，有限元分析方法是当前最常见的结构分析方法。桥梁结构有限元分析的一般步骤为：根据具体结构，进行相应的力学抽象、简化和离散来建立结构模型，选择相应的计算程序，而后通过后处理来实现对桥梁结构性能的描述。恰当的建模方式和数值模拟是桥梁结构分析计算能否成功的关键。

根据分析精度以及适用范围，桥梁结构的分析方法大体可以分为三个层次：①以单梁分析方法为代表的杆系分析法；②以六自由度梁单元组成的平面梁格和空间网格为代表的杆系分析法，此类分析法包括了整体性分析和局部分析两方面的特点；③以板壳单元及实体单元为基础的实体分析法，此类模型是目前最详细的有限元模型，既可以用于整体性分析也可以用于局部分析。

上述三个层次的分析方法具有各自的特点和适用范围，对结构的受力效应有不同的处理和分析措施。

1.4.1　第一层次分析方法——单梁杆系分析法

单梁分析法是基于材料力学及结构力学的基本原理，将桥梁结构简化为平面杆系模型的方法。此类分析方法，在计算截面内力（弯矩、轴力及剪力）时是基本准确的，并且可以考虑桥梁结构的成桥及施工工况，能够对混凝土桥梁中的预应力荷载、收缩徐变、温度、支座沉降及温度等效应进行分析，具有建模简洁方便、通用性强、自动化程度高等特点，是目前最常用的桥梁结构分析方法。

在空间效应分析方面，单梁分析法需要结合其他理论和方法单独分析。例如，对于剪力滞效应需要参考有效分布宽度的概念，进行折减；对于活载横向分布，需要考虑横向分布系数；对于箱梁的框架效应，需要单独进行横向框架计算分析；对于偏载下的扭转效应等，需要根据经验考虑对应力结果进行5%～15%的放大。但是上述补充计算对于具有空间效应特征的结构显然不够；对于宽桥及弯桥等结构，会遗漏很多需要关注的特征指标，是导致桥梁病害的一个重要原因。

超过六自由度的空间梁单元模型，在结构模型形式上与之前叙述的单梁有限元模型类似，但是其单刚矩阵没有做任何简化。普通的空间六自由度杆单元考虑节点在空间三维坐标系下 x、y、z 方向的线位移与角位移，在其基础上加入了特别针对闭口薄壁杆件的翘曲自由度等自由度，可以计算桥梁结构由于约束扭转产生的翘曲正应力、剪应力以及弯矩、剪力与扭矩的耦合。但是作为单梁模型，这种模型仍然具有其局限性。

这种方法仅可以用于整体的内力计算，寻找最不利受力截面位置，并且可以得到桥梁开裂的初步原因。

1.4.2 第二层次分析方法——梁格法及空间网格法等

平面梁格模型计算方法是目前设计复核等辅助设计过程中常用的方法，采用较多的是 Hambly "剪力柔性"梁格法，其原理是将平面单梁计算模型中的一维杆单元计算模型拓展到二维计算模型，用一个二维梁格来模拟结构受力特点。理论上，原型和等效梁格模型承受相同的外荷载时，应具有相等的挠曲和扭转，等效梁格中的每一构件的内力也应等于该构件所代表的原型截面的内力，事实上这种理想的等效状况是达不到的，从本质上讲 Hambly 平面梁格是针对较宽箱梁截面上、下缘一维正应力的计算的，可以用于预应力混凝土桥梁正应力开裂的分析，并用于预测主拉应力开裂破坏。

空间网格分析方法是本文的重点之一，也是桥梁病害的主要分析方法；"拉应力域"方法是基于空间网格分析方法而提出的，主要解决面内主拉应力的问题，本书第3章将详细介绍。

1.4.3 第三层次分析方法——板壳法及实体法

板壳法和实体法是目前最详细的分析方法，但是在实际应用中，需要整理大量的输入、输出数据，容易出错，对计算结果做出正确评价及对结构受力行为进行解释都非常困难，且给不出与现行设计规范有直接联系的内力结果，若将应力空间积分为内力，工作量大，复杂性高，可行性不大，不便于工程技术人员使用。且该方法对于桥梁设计中的体系转换、预应力施加及预应力损失、收缩、徐变等效应的分析复杂，对活载加载的计算结果文件数据庞大，给设计工作带来很大的不便，因此，这种分析方法多用于局部分析。

表1-5汇总表示了三个层次分析方法的特点和适用范围。

分析方法各自特点及适用范围　　　　　　　　表 1-5

分析方法	分析项目	纵向弯曲	自由扭转	约束扭转翘曲	畸变翘曲	畸变横向挠曲	剪力滞	横向弯曲(包括桥面板)	不满足平面假定的空间效应	适用范围	
第一层次	纵向:三自由度单梁模型;横向:框架计算	√	采用放大系数估算		×	×	√	×	整体	
第一层次	纵向:超过六自由度空间梁单元+弹性地基梁比拟法(BEF法)计算畸变;横向:框架计算	√	√	√	√	√	×	√	×	整体	
第二层次	纵向:Hambly"剪力柔性"平面梁格;横向:框架计算	√	√	√	√	×	×	√	√	整体	局部
第二层次	空间网格模型:纵横向六自由度空间梁模型	√	√	√	√	√	√	√	√	整体	局部
第三层次	板壳单元及实体单元	√	√	√	√	√	√	√	√	整体	局部

1.5　预应力混凝土桥梁病害跟踪分析方法

预应力混凝土桥梁两种常见病害,开裂与下挠之间存在着相互影响关系。结构刚度削弱将直接影响到挠度的变化,而开裂病害对结构最重要的影响就是对局部刚度的削弱。目前,工程界对于结构两种病害各自独立的研究均取得了较多的成果,利用精细化的分析方法,定性定量的对各种工程实例进行分析,基于强度理论的假定,判断并找出了结构开裂及下挠的主要原因。对于病害的产生原因取得的分析结果是可信的。

对于混凝土结构开裂病害的研究,国内外有许多的专家学者及专业机构进行过长期的研究。早期的研究属于材料研究的范畴,大多是从微观及宏观两个方面对结构的开裂机理以及开裂后的特性进行描述。在大量研究的基础上,提出了三种主要的裂缝计算模式:粘结滑移理论、无滑移理论和基于试验的统计公式。除上述理论外,断裂力学理论也被应用于裂缝机理及发展特性研究中。

随着有限元方法与结构分析的结合,从 20 世纪 60 年代开始就已经开始了有限元法在开裂模拟中的应用尝试。在混凝土裂缝的模拟过程中,主要发展了两种不同的模型，即离散开裂模型和模糊开裂模型。离散开裂模型是通过相邻节点位移的不连续来模拟裂缝，概念直观清晰，缺点是无法事先预判裂缝的位置和方向，需要在开裂位置重新细化单元节点，应用并不方便。模糊开裂模拟是把裂缝视为连续水平的分布裂缝，在一定分布区域内分散布置裂缝，采用折减弹性模量等方法来考虑裂缝的影响。应用此方法时，随着有限元单元尺寸的减小，会在较小的外加荷载下导致裂缝的持续发展，出现与实际不符的开裂结果。

目前，在桥梁结构的健康监测领域以及结构精细化分析领域，对于开裂的模拟及分析较多。大多是借助于专业的有限元分析软件，基于一些材料性能的基本假定，对开裂位置处进行相应的处理，此类分析推动了病害跟踪分析的进一步发展。例如，参考文献［21］中，利用 ANSYS 板壳单元法建立桥梁结构有限元模型，并利用离散开裂模型模拟裂缝，断开裂缝位置混凝土单元对应的公共节点进行分析；参考文献［22］中，利用编制的有限元分析程序，结合开裂后的材料理论分析，引入开裂后带裂缝单元的本构关系，来模拟分析开裂病害；参考文献［23］中，通过平面框架模拟全桥结构，采用斜压杆单元模拟损伤。上述文献均对开裂病害的模拟起到了积极的推动作用。

基于空间网格模型的开裂模拟方法也正处于探索当中，参考文献［24］中，采用拆除横梁单元的方式模拟腹板开裂及底板开裂病害。

对于两种病害之间相互影响的研究，即对开裂下挠病害的跟踪分析方面，其核心思想即为对结构开裂的模拟。该课题目前仍处于研究阶段，尚未达成统一的看法，或者是公认的合理的模拟方法。其涉及内容广泛，不仅涉及材料层面的研究和认识，更需要深入到构件层次以及整体结构层次来进行考虑。

1.6　本书背景及项目研究内容

1.6.1　本书背景及研究目的

预应力混凝土桥梁的开裂下挠病害的出现，受到如施工、材料等因素的综合影响，但是作为具有共性的开裂下挠原因，一直被大家所忽略。现有设计计算方法中，复杂桥梁结构的薄壁空间效应特点没有被完整地反映，抗剪配筋设计原理也不尽完善，这些因素均会影响到桥梁结构的安全性，由此导致的开裂等病害也会严重影响到桥梁的正常使用和耐久性。因此有必要对大跨径预应力混凝土桥梁的开裂等问题进行深入研究。

目前，体外束加固大跨径预应力混凝土箱梁桥存在钢筋应力损失过大、应力不易控制的问题，导致降低了体外束的加固效果，使箱梁结构力学性能的提升和工程投入产生矛盾。为此提出的智能化体外束加固技术可避免这个弊端的发生，保障体外束的短、长期运营。

利用实用的精细化的有限元分析模型跟踪研究具有共性的病害原因，并且针对目前此类认识的缺失提出合理的建议，借以推动大跨径预应力混凝土的进一步发展以及设计理论的进一步完善。

通过智能化体外束加固技术的探讨和应用，总结出合理、节约的布设系统，包括成本控制、关键位置选择、系统设置等，再引入"互联网+"的概念，实现短、长期钢束监测数据的网络共享、可视化、一站式服务及加固效果的有效提升。

1.6.2 本书主要研究内容

本书的主要研究内容包括：

（1）桥梁结构空间网格法及空间网格模型的阐述与介绍。将重点介绍空间网格法的基本思想、空间网格模型单元参数取值以及此种方法在工程实践中的应用实例。

（2）以实际病害桥梁为样本，建立空间网格模型。分析结构的恒载、活载、预应力及混凝土收缩徐变等效应，对大跨径预应力混凝土桥梁进行精细化分析。将计算得到的指标应力与强度理论结合，判断结构是否开裂以及确定开裂位置，并与实际情况进行比较。

（3）研究不同病害原因对桥梁病害的影响程度，判断病害对不同病害原因的敏感程度，特别是预应力损失、施工超重、混凝土收缩徐变效应及超载对病害的影响程度。

（4）跟踪分析开裂下挠病害的相互作用，利用钢筋单元替换混凝土单元的方法模拟拉应力引起的跨中开裂病害。采用修改单元连接方式的方法，来模拟主应力开裂病害，将主拉应力较大位置相连接单元由固接改为铰接从而模拟腹板开裂。并探索其他病害在空间网格模型中的模拟方法。

（5）智能化体外束的合理选择与布置，并借助"互联网+"和光纤光栅技术，对实现短、长期数据共享、在线监测的目标前景进行了分析。

综合上述分析过程，得出本书结论，以此来推进大跨径预应力混凝土桥梁的设计和维修加固。

第2章
空间网格分析方法

2.1 空间网格分析方法

通过1.4节对常用分析方法优缺点及使用范畴的分析可知，一套程序无法完全实现设计、施工的直接性和一体化，计算结果不够精细。因此，空间网格模型融合了以上几款分析程序的优点，同时实现了对设计、施工等的精细化、完整性、直接性的需求。

桥梁实用精细化分析的计算模型需要包括所有空间效应的各项应力，同时要具有普通单梁模型针对桥梁结构的计算功能，即施工阶段、预应力效应、混凝土徐变收缩、活载加载等。将箱梁截面的顶板、底板和腹板均做纵横分离的梁格系离散，将整个桥梁结构离散成空间网格模型。空间网格模型计算方法包含了全部整体空间效应，甚至包括顶板、底板预应力锚头处结构的局部扩散效应。由于梁系结构计算与现有设计规范框架是一致的，所以这种计算方法输出的结果比较直观，是桥梁工程师比较容易理解和进行设计应用的计算方法。因此，以下将对空间网格模型的概念、计算形式及表达方式，网格模型上板件应力表达方式、完整性、网格模型的荷载组合、设计验算项与规范的协调性等方面进行阐述，以充分表达空间网格分析方法理论的完整性。

2.1.1 空间网格模型概念

在结构分析中，可以将复杂的桥梁结构离散成由多块板构成，每一个板元由十字交叉的正交梁格组成的模型，以十字交叉的纵横梁（六自由度梁单元）的刚度等代板元的刚度，一片正交梁格就像是一张"网"，一个结构由多少块板构成，就可以用梁格表示成多少张"网"。这样，空间桥梁结构可以用空间网格来表达。

如图2-1所示，一个单箱单室箱梁截面可以分解为由顶板、底板以及多块腹板构成的结构，箱形截面梁所离散成的板就可以用正交梁格模型来模拟。由于这些板位于不同的平面内，代表它们的正交梁格也在不同的平面内（对于弯梁桥为曲面），不同平面内的正交梁格将箱形截面梁离散为一个空间网状模型，可以形象地称为空间网格模型。

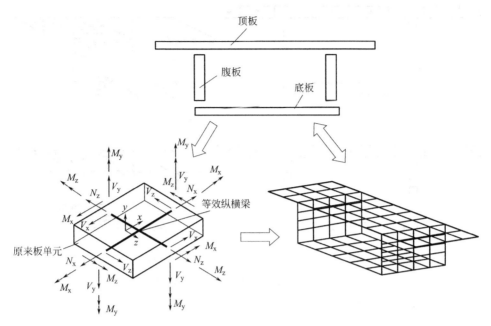

图 2-1 空间网格模型简化原理示意图

2.1.2 空间网格模型计算形式及表达方式

1. 模型建立及截面划分

建立空间网格模型时，纵向可依据单梁有限元划分方式划分（即考虑的因素通常为结构受力、自然施工划分等）；截面内部划分的疏密程度宜根据截面形式和计算要求确定，它反映了表达空间效应的精细化程度。空间网格模型截面划分时可将腹板作为整体，也可将腹板分块。前者顶板、底板划分，腹板不划分，对应的截面划分及网格模型如图 2-2（a）所示；后者顶板、底板及腹板均划分，对应的截面划分及网格模型如图 2-2（b）所示。

2. 划分截面特性计算

对整体截面进行划分后，箱梁将离散成多种小截面，可以将这些划分形成的小截面称为划分截面。离散后所得的空间网格模型中，划分截面主要有三种：腹板截面、腹板划分截面、顶板、底板纵、横向划分截面（图 2-3）。这些截面及特性计算与传统梁单元截面特性计算一致，由离散后实际截面尺寸计算。

这里以图 2-4 所示的矩形截面为例，说明空间网格模型中常用划分截面的截面特性计算方法。

$$轴向面积：A_x = bh \tag{2-1}$$

$$剪切面积：A_y = A_z = bh \tag{2-2}$$

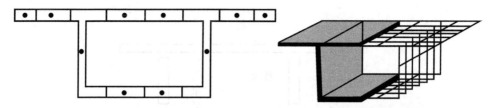

(a) 部分空间网格模型的截面划分(顶板、底板划分,腹板不划分)和形成的网格模型

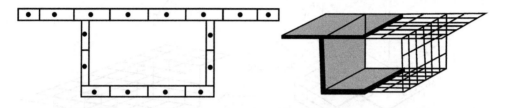

(b) 完全空间网格模型的截面划分(顶板、底板、腹板均划分)和形成的网格模型

图 2-2 结构离散及空间网格模型示意图

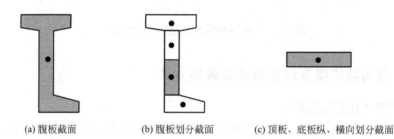

(a) 腹板截面　　(b) 腹板划分截面　　(c) 顶板、底板纵、横向划分截面

图 2-3 空间网格模型常用截面

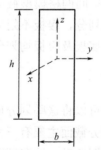

图 2-4 空间网格模型常用截面的截面特性计算示意图

抗弯惯性矩：$I_z = \dfrac{b^3 h}{12}$，$I_y = \dfrac{bh^3}{12}$ （2-3）

截面划分后，划分截面的抗扭惯性矩对整体截面的影响相当有限，故抗扭惯性矩可采用式（2-4）计算。

$$I_T = \dfrac{4 I_z I_y}{\beta (I_z + I_y)},\ \beta = 1.3 \sim 1.6 \quad (2\text{-}4)$$

3. 效应计算及表达方式

空间网格模型是将薄壁箱形截面视为由若干块板组成，并对每一块板进行网格划分，用划分后的网格来等效代替各个板的受力。空间网格模型将顶板、底板划分地较密，可以分析出顶板、底板的剪力滞效应，且不需要计算有效分布宽度。箱梁的刚性扭转效应通过空间网格纵横单元之间的相互作用，反映在各个梁格的剪应力分布上；空间网格模型同样可以实现在荷载作用下截面的畸变分析以及截面各个板件的横向弯曲变形分析。

在空间网格模型中，截面荷载效应分担如下：

1) 箱梁截面的纵向效应（如轴力、弯矩）由纵向梁格承受；
2) 箱梁截面的横向效应（如畸变、活载横向效应等）由横向梁格承受；
3) 箱梁截面的扭转、畸变效应转化为腹板梁格的剪力。

在空间网格模型中，通过分析计算可以得到组成网格的各部分截面（腹板截面或划分截面）的内力（包括轴力、弯矩、剪力、扭矩），对不同的截面形式，荷载效应的计算方式分别如下所述。

1) 腹板截面

一般用于模拟网格模型中的箱梁腹板，与传统的梁单元类似，承受轴力、弯矩、剪力，腹板截面如图 2-5 所示。

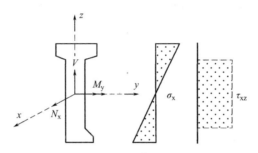

图 2-5　空间网格模型中腹板截面效应计算示意图

当腹板作为一根梁时，与传统的梁单元类似，正应力 σ_x 及剪应力 τ_{xz} 分别按式 (2-5) 和式 (2-6) 进行计算。

$$\sigma_x = \frac{N_x}{A_x} + \frac{M_y z}{I_y} \tag{2-5}$$

$$\tau_{xz} = \eta \frac{V}{bh} \tag{2-6}$$

式中　A_x——腹板截面面积；
　　　N_x——轴向力；
　　　M_y——绕截面重心轴弯矩；
　　　z——计算正应力应力点至截面重心轴的距离，重心轴以上为正值；
　　　I_y——绕截面重心轴惯性矩；
　　　η——剪应力不均匀系数，建议取 1.2；
　　　V——沿截面高度方向剪力；
　　　b——截面腹板宽度；
　　　h——截面高度。

2）划分截面

一般用于模拟网格模型中的箱梁顶板和底板，主要承受轴力 N_x、N_y，面内剪力 V_{xy} 以及面外弯矩 M_x、M_y。如图 2-6 所示，沿着单元厚度均匀分布的薄膜效应和顶板、底板的局部荷载效应（沿着单元厚度线性变化的出平面弯曲正应力）可以通过划分截面完全体现出来。

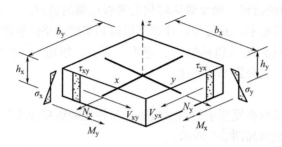

图 2-6 空间网格模型划分截面效应计算示意图

（1）面外正应力

$$\sigma_x = \frac{M_y z}{I_y} \tag{2-7}$$

$$\sigma_y = \frac{M_x z}{I_x} \tag{2-8}$$

式中 σ_x——截面 x 向正应力；

σ_y——截面 y 向正应力；

z——计算正应力应力点至截面重心轴的距离，重心轴以上取正值；

I_x、I_y——垂直于 y 轴或 x 轴的截面绕各自截面重心轴惯性矩；

M_x、M_y——垂直于 y 轴或 x 轴的截面绕各自截面重心轴弯矩。

（2）面内正应力

$$\sigma_{x-m} = \frac{N_x}{A_x} = \frac{N_x}{b_x h_x} \tag{2-9}$$

$$\sigma_{y-m} = \frac{N_y}{A_y} = \frac{N_y}{b_y h_y} \tag{2-10}$$

式中 σ_{x-m}——截面中面 x 向正应力；

σ_{y-m}——截面中面 y 向正应力；

b_x、b_y——截面中垂直于 x 向或 y 向截面的宽度；

h_x、h_y——截面中垂直于 x 向或 y 向截面的高度。

（3）面内剪应力

$$\tau_{xy} = \frac{V_{xy}}{b_x h_x} \tag{2-11}$$

(4) 面内主拉应力 σ_t 和主压应力 σ_c

$$\left.\begin{array}{c}\sigma_t \\ \sigma_c\end{array}\right\} = \frac{\sigma_{x-m}+\sigma_{y-m}}{2} \pm \sqrt{\left(\frac{\sigma_{x-m}-\sigma_{y-m}}{2}\right)^2 + \tau_{xy}^2} \quad (2-12)$$

3) 空间荷载效应的表达方式

空间网格模型由六自由度梁单元组成，各纵横梁为刚性连接；计算结果采用阶梯应力分布模拟连续的正应力和剪应力分布，如图 2-7 和图 2-8 所示。图 2-7 的表达较为精细，但相应的网格模型较大；图 2-8 的表达精细化程度降低，但相应的网格模型较小。

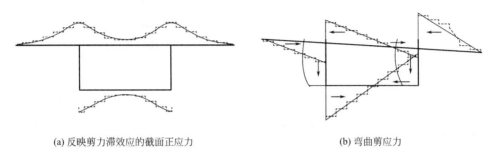

(a) 反映剪力滞效应的截面正应力　　　　(b) 弯曲剪应力

图 2-7　致密的网格模型应力阶梯状表达

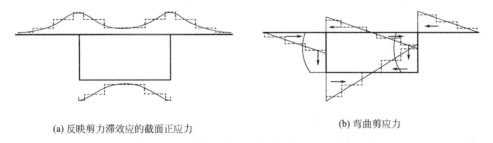

(a) 反映剪力滞效应的截面正应力　　　　(b) 弯曲剪应力

图 2-8　稀疏的网格模型应力阶梯状表达

图 2-9（a）是网格模型表现的自由扭转剪应力图示，图 2-9（b）是网格模型表现的约束扭转剪应力图示。

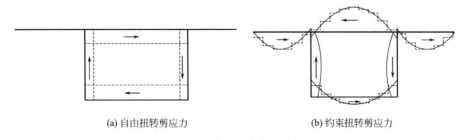

(a) 自由扭转剪应力　　　　(b) 约束扭转剪应力

图 2-9　网格模型剪应力阶梯状表达

此外，偏载作用下的横向效应（横向框架效应或箱梁畸变）可以由横向网格单元的应力结果进行相应的分析。对于同一箱梁截面，两种不同的截面划分方式下，空间网格模型所反映的截面畸变效应如图2-10所示，图2-10（a）表示顶板、底板划分，腹板不划分对应的部分空间网格模型中箱梁的畸变变形；图2-10（b）表示顶板、底板、腹板均划分对应的完全空间网格模型中箱梁的畸变变形。

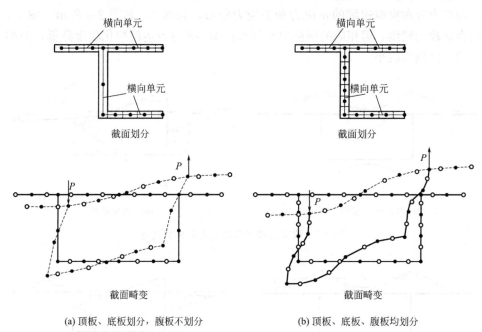

图2-10 网格模型中箱梁截面畸变变形示意图

空间网格模型输出的结果是各个梁格单元的内力、应力及位移，可以方便得到结构不同部位的受力状态，从而有针对性地进行配筋设计，对实际工程的设计分析有重要意义。尽管一些大型有限元软件在计算桥梁各部分受力方面非常先进，但是这些有限元软件的计算结果中同时含有整体效应和局部效应，并难以直接用来指导配筋设计，故这些软件仍往往被用于局部分析。空间网格模型不仅能够准确分析复杂结构的空间受力状态，而且其输出的数据结果（以单元杆端力的方式输出）可以和现行桥梁设计规范直接挂钩，指导桥梁各部分的配筋设计。

2.2 空间网格分析方法适用范围

空间网格模型中的各块板共同作用构成箱形截面梁独特的全截面抗弯、抗扭与抗剪刚度。这些板的材料可以是钢，可以是混凝土，或其他任意材料。于是，这些板元便可以组合成全混凝土截面、全钢截面、部分是钢部分是混凝土的截面(钢-混凝土叠合梁)以及其他任意几种不同材料组成的截面。

空间网格模型适用于各类混凝土桥梁的整体分析,特别是具有弯、斜、宽等空间特征的预应力混凝土和钢筋混凝土桥梁。空间网格模型是完整的实用精细化分析模型,可以同时获得箱梁截面各项验算应力。也就是说,空间网格模型包含了传统意义上的整体分析、横梁分析及桥面板分析,也包含了剪力滞效应、薄壁效应(扭转及畸变效应),完全考虑了荷载及预应力在结构中的扩散和传递效应(D 区效应)等空间效应。这些空间效应均无需单独建立其他模型计算。对于桥梁结构的设计计算,如果去除施工、材料、表面温度等设计规范不可控的原因以及一些局部区域,只要满足各项验算应力就能够保证设计上的抗裂验算完整性。对于由薄板组成的钢结构桥梁,当空间网格模型的网格划分得足够密时,也可以进行结构的空间稳定计算分析(包容了整体稳定和局部稳定)。

空间网格模型适用于弯桥、斜桥、宽桥、叠合梁等各种桥型,不受具体结构形式的限制,用空间网格分析方法建立的桥梁结构模型如图 2-11 所示。

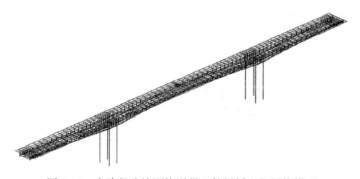

图 2-11 大跨径连续刚构混凝土箱梁桥空间网格模型

2.3 网格验算应力概述

2.3.1 网格化箱梁板件的应力

从开裂情况反映一个箱梁结构需要关注的完整的验算应力,如表 2-1 所示。表中列出了验算应力所对应的裂缝形式,同时还反映出产生这些应力的结构效应和各构件及构件各方向的设计受力状态,其中黑斜体字为现行设计计算方法通常关注的应力验算。表格同样适用于由任何材料组成的桥梁结构截面,特别是本书所述的波形钢腹板组合箱梁截面。

一个混凝土单箱单室箱梁截面的完整验算应力　　　　表 2-1

需要关注的验算应力	部位	对应裂缝	产生应力的主要结构效应	设计受力状态
顶板纵向面外正应力	上缘		主要反映结构的整体受弯效应	配置纵向预应力，可以使混凝土在该方向不出现拉应力，即可达到全预应力状态
	（下缘）			
顶板横向面外正应力	上缘		桥面板的受力特征可视作横向单向板，故主要承受局部效应，包括车辆活载	配置横向预应力，可以使混凝土在该方向不出现拉应力，即可达到全预应力状态
	下缘			
顶板面内主应力	板厚方向		主要反映结构的整体效应（弯、剪、扭）	一般主拉应力难以消除，为部分预应力或钢筋混凝土受力状态
底板纵向面外正应力	（上缘）		主要反映结构的整体受弯效应，以及预应力钢束锚固产生的局部效应	一般为全预应力；但若底板锚固设计不合理，则局部区域为钢筋混凝土受力状态
	下缘			
底板横向面外正应力	上缘		横向面外应力的箱梁畸变效应很小，故一般很少关注；但在变截面梁底板内布置的纵向预应力钢束会对底板产生外崩力	箱梁底板横向一般是不配预应力的，所以底板的面外受力方向是钢筋混凝土受力状态
	下缘			
底板面内主应力	板厚方向		主要反映结构的整体效应（弯、剪、扭），以及底板预应力钢束锚固产生的面内剪应力	一般底板的面内受力方向是钢筋混凝土受力状态
腹板面外正应力	内侧		腹板面外应力由箱梁畸变或内外侧温差产生，但其效应不大，故一般很少关注	腹板面外受力方向是钢筋混凝土受力状态
	外侧			

续表

需要关注的验算应力	部位	对应裂缝	产生应力的主要结构效应	设计受力状态
腹板面内主应力	板厚方向		主要反映结构的整体效应(弯、剪、扭)	配竖向预应力时可能做到全预应力,否则主拉应力难以消除,受力为部分预应力或钢筋混凝土受力状态

2.3.2 板件验算应力的基本单元

桥梁的桥面结构均可以分解成两类基本的受力单元：中面面内应力单元承受正应力和剪应力,合成面内主拉应力和面内主压应力；上、下缘面外应力单元主要承受正应力和剪应力,而面外剪应力相比面内剪应力是较小量。

图 2-12 所示基本单元的受力效应,即熟知的六个力(轴力、两个方向弯矩、扭矩和两个方向剪力,在直角坐标系内可以表达为 N、M_x、M_y、T、V_x、V_y)在截面上产生的效应。图 2-13 所示基本单元的受力效应为局部荷载效应,即局部产生的面外弯矩 M_x、M_y。

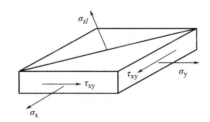

图 2-12 中面面内应力单元

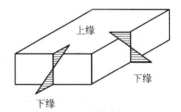

图 2-13 上、下缘面外应力单元

在前述表 2-1 完整验算应力的基础上,考虑到箱梁腹板在腹板温差或其他荷载作用下产生畸变,在腹板的内外侧也有一维应力,但通常相对较小,不作为必须关注的验算应力,则可以将需要关注的应力指标精简至 9 个,表 2-2 为一个单箱单室箱梁结构应该关注的 9 个部位的验算应力,其中箱梁顶板和底板的面内应力在现行规范计算体系中没有包含,也造成了相应的结构计算和配筋方法的缺失。

混凝土箱梁结构应该关注的 9 个验算应力　　　　表 2-2

构件/受力方向	部位	应力特征	与传统关注应力比照
顶板面外	上缘	纵向正应力	整体截面上缘应力
	上缘	横向正应力	另外进行桥面板局部计算
	下缘	横向正应力	另外进行桥面板局部计算

续表

构件/受力方向	部位	应力特征	与传统关注应力比照
顶板面内	中面	主应力	没有包含(同叠合梁)
底板面外	下缘	纵向正应力	整体截面下缘应力
	上缘	横向正应力	主要为计算底板钢束的外崩力，简化计算方法不完善
	下缘	横向正应力	
底板面内	中面	主应力	没有包含(同叠合梁)
腹板面内	中面	主应力	腹板主应力

2.3.3 板件应力的表达方式——三层应力

箱梁需要关注的完整验算应力是实用精细化分析的重要新概念。以如图 2-14 所示的一个在板厚方向具有相同应力分布的板式构件组成的单箱单室薄壁箱形截面为例，来说明表 2-2 中的验算应力。表 2-2 中箱形截面的应力部位如图 2-15 所示，可以看到图中的应力部位与表 2-2 的验算应力为一一对应关系。

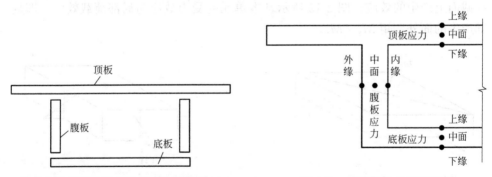

图 2-14 由板表达的单箱单室箱梁截面　　图 2-15 验算应力位置示意图

对于一个空间桥梁结构，其整体受力可以表征为：轴向力 N、两个方向的剪力 V_x 和 V_y、两个方向的弯矩 M_x 和 M_y 以及扭矩 T 共六个力。我们可以从应力角度在箱梁断面上对这耦合的六种受力方式进行归并和分解，如图 2-16 和图 2-17 所示，它表达了由外荷载产生的整体效应。

其中，轴向力和弯矩产生的是正应力，而剪力和扭矩产生的是剪应力，这些应力是可以相互叠加的。于是，最终在截面的各个组件(顶板、底板和腹板)各点的受力均只有正应力和剪应力，这样就将六种受力归并为两种应力了，而正应力和剪应力又可以合为主应力。所以，归根到底，结构的受力均可以用主应力来衡量，正应力只是主应力的一种特殊情况(剪应力为零)。对应产生的中面应力是二维薄壁应力，如图 2-18 所示。

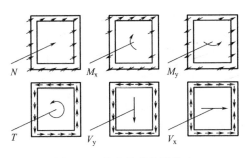

图 2-16 外荷载的整体效应

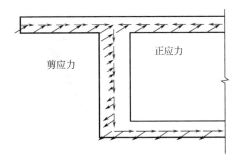

图 2-17 薄壁箱梁中面面内应力

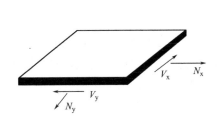

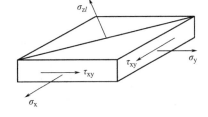

图 2-18 板中面的薄壁应力

  每块板的上、下缘面外应力表达了局部荷载产生的局部效应,是一维应力,如桥面板计算中的车轮荷载,以及变高度箱梁的底板纵向预应力钢束产生的外崩力,如图 2-19 和图 2-20 所示。每块板件在局部荷载作用下的变形和应力分布如图 2-21 所示。

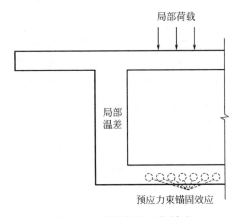

图 2-19 外荷载的局部效应

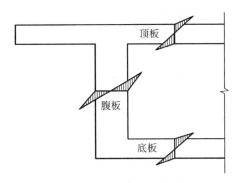

图 2-20 箱梁各板件上、下缘面外应力

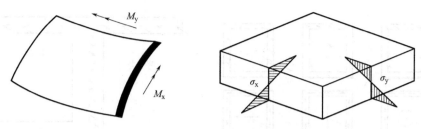

图 2-21 薄壁箱梁面外效应变形及应力示意图

2.4 单梁转化为空间网格模型概述

将单梁转化为空间网格模型，在内力和应力的表达方式上，混凝土箱梁和波形钢腹板箱梁有一些不同，最突出的区别是腹板抗剪承担的比例，对于波形钢腹板组合箱梁，钢腹板几乎承担全部的抗剪。以下对六自由度单梁的六种内力表达方式如何转化到空间网格模型上，以何种方式在截面上表达进行简述。

2.5 六自由度单梁转化为空间网格模型及作用力的转换

通过对空间网格分析方法的理论介绍，可知空间网格模型可适用于任何桥梁结构。为以示混凝土箱梁和波形钢腹板箱梁受力分配的区别，下面介绍单梁转化为空间网格模型，以混凝土箱梁为例。

六自由度单梁的整体受力特征表现为六个力：轴力 N、两个方向的剪力 V_x 和 V_y、两个方向的弯矩 M_x 和 M_y 以及扭矩 T，如图 2-22 所示。混凝土箱梁结构顶板、底板、腹板上应力分三层，顶板、底板分上缘、中面、下缘，腹板分左侧、中面、右侧，如图 2-23 所示。对于单梁，整体效应在截面上产生应力（正应力、剪应力）的位置是顶板、底板、腹板中面，如图 2-24 所示，图中板内仅有正应力和剪应力，其中轴向力和弯矩产生正应力，而剪力和扭矩产生的是剪应力，这些应力是可以相互叠加的。这样就将六种受力归并为两种应力了，而正应力和剪应力又可以合为主应力。故最终结构的受力均可以用主应力来衡量，纯弯和纯剪分别产生的正应力和剪应力仅是主应力的一种特殊情况，图 2-25 表示了箱梁任意板内受力及主应力表达方式。

当然，箱梁中每块板的上、下缘的应力属于面外效应，是由局部荷载产生的一维应力，如局部温差、预应力锚固区、局部车辆荷载等。上、下缘的应力分面

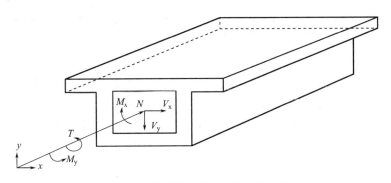

图 2-22　外荷载在截面上的整体效应

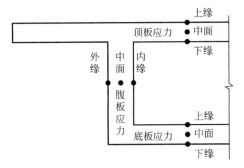

图 2-23　混凝土箱梁应力计算位置

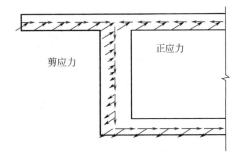

图 2-24　混凝土箱梁中面应力

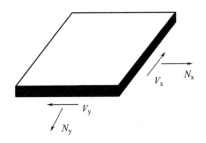
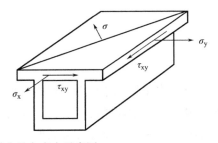

图 2-25　箱梁板内受力及主应力示意图

外正应力和剪应力，而剪应力值比较小，可忽略。中面面内由正应力和剪应力合成的主应力分面内主压应力和面内主拉应力。板的面内与面外应力的计算弥补了现行规范的缺失与不足，完善了箱梁结构应该关注的验算应力范围，如表 2-2 所示。

将箱梁划分成空间网格，整体效应（六种力）分散到整个截面的各个小网格中，内力及主应力的表达分别如图 2-26 和图 2-27 所示。

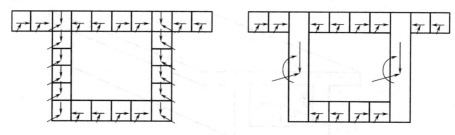

图 2-26　箱梁网格化后内力表达示意图

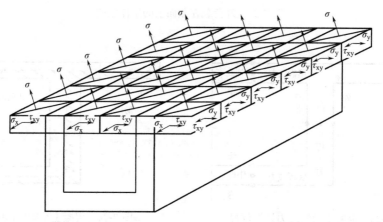

图 2-27　箱梁网格化后主应力表达示意图

2.6　本章小结

设计中多采用单梁模型、梁格模型及实体有限元模型计算分析方法，空间杆系模型缺乏空间效应精细化分析，如剪力滞效应、有效分布宽度问题、偏载系数问题等；由于平面梁格法在等效原理上的近似性，不能准确反映箱形组合梁的剪应力分布和顶板、底板局部受力；实体模型很难和总体计算相结合且与现行规范的内力配筋设计方法不匹配，常规分析方法不能全面反映箱梁复杂的受力情况及可能发生的开裂情况。

空间网格分析模型融合了空间杆系及实体有限元的优点，适用于任何材料组合的结构。其不仅能够准确分析复杂结构的空间受力状态，而且其输出的数据结果（以单元杆端力的方式输出）是各个梁格单元的内力、应力及位移，可以方便地得到结构不同部位的受力状态，并且和现行桥梁设计规范直接对应，从而有针对性地指导桥梁各部分的配筋设计。

第 2.4～2.5 节将六自由度混凝土单梁结构转化为空间网格模型，通过这个思路体现了空间网格模型的应用理念和力学特性表达。

空间网格分析方法具有完整的验算应力指标，弥补了现行设计规范缺陷与不足，且荷载组合、设计验算项与桥规协调，对实际工程的设计分析有重要意义。

第3章 "拉应力域"理论

3.1 概况

目前桥梁建设市场出现了很多有限元计算程序，较为常见的有：SAP2000、MIDAS/CIVIL、Dr.Bridge、GQJS、ANSYS、ABAQUS、MIDAS/FEA 等。这些分析软件有空间杆系软件，也有实体分析软件，在当前的设计和研究中扮演了重要的角色，同时也发挥了重要作用。随着桥梁结构的复杂多样化，出现了众多与规范条文条款不完全相符的异型结构，甚至是超宽、变宽等不常规结构，对桥梁结构设计、分析软件提出了更高的要求，例如软件分析的精细化、便捷化、输出全面化等。

以上列出的这些有限元分析软件有各自的优势，也有各自的缺点：如空间杆系模型缺乏对空间效应的精细化分析。平面梁格法在满足工程精度的条件下，是一种既方便又适用的有限元设计分析手段，为工程技术人员提供了很大方便，但是由于其等效原理的近似性，计算结果不能准确反映如箱形结合梁截面的剪应力分布。采用实体分析进行补充计算难以与总体计算完全结合，也难以配合施工阶段、徐变收缩、活载加载等设计要求的计算，而且分析结果是各种变形下的总体应力结果，与现行规范的内力配筋设计方法不匹配，很难有针对性地加强构造配筋。此外，将实体单元分析结果进行积分获得结构内力的过程复杂繁琐，限制了其在设计中的广泛应用，往往只在局部分析中应用。

可见，运用传统的分析方法无法完全反映前述波纹腹板桥的各个受力特点，同时也难以解决波纹腹板桥设计的关键问题，因而需要突破采用单梁进行分析和设计的传统方法，运用更加全面的分析方法进行受力分析和设计，在完成结构内力和应力分析的同时，结合现有规范完成结构的配筋设计工作。

由第2章对空间网格分析方法理论的阐述可知，空间网格模型的全面化且与规范相协调，可实现简单与复杂桥梁结构的精细化、全面的分析。波形钢腹板组合梁桥承载力配筋是借助"拉应力域"理论完成的，因此，本章将分别阐述"拉应力域"理论、波形钢腹板组合梁承载力配筋及钢腹板抗剪强度验算的计算方法及流程。

3.2 "拉应力域"配筋设计理论

3.2.1 "拉应力域"定义

在各种荷载作用下，混凝土结构都可以分解为受力有规律的基本单元。以弯剪复合受力的矩形混凝土截面为例，如图 3-1（a）所示，该截面可以看为由很多矩形条带组成，假定每个条带中的正应力 $\sigma_{c,i}$ 及剪应力 τ_i，沿腹板宽度方向、条带厚度方向都是均匀分布的（图 3-1b、c）；这样的话，对于第 i 条条带中的微元体来说（图 3-1d），由条带上的正应力 $\sigma_{c,i}$ 和剪应力 τ_i 得到的二维面内主应力沿条带厚度方向也是均匀分布的；因此，梁的腹板可以简化为承受二维主应力的单元，如图 3-1（e）所示，主应力沿着梁高方向随着正应力及剪应力的分布变化而呈现有规律的分布。"拉应力域"便是在板件中承受主拉应力和主压应力的二维应力区域，其在板厚方向的主应力分布是均匀的。也可以说，混凝土构件中具有相似主拉应力分布规律的区域称之为"拉应力域"。在"拉应力域"内混凝土开裂后需要配置相应的钢筋来承担引起混凝土开裂的主拉应力。

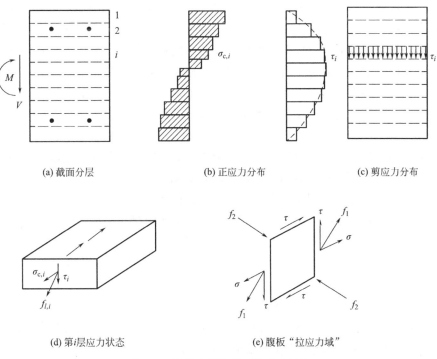

(a) 截面分层　　(b) 正应力分布　　(c) 剪应力分布

(d) 第 i 层应力状态　　(e) 腹板"拉应力域"

图 3-1　混凝土结构的"拉应力域"

类似地,对于纯弯作用下的混凝土构件,如图 3-2 所示,混凝土单元截面上只有正应力分布(包括受拉区和受压区),而剪应力为零;主拉应力即为受拉区截面上的拉应力,在每个条带上拉应力也是近似均匀分布的,沿着截面高度方向主拉应力呈现有规律的分布,这种情况称之为纯弯作用下的"拉应力域"。当"拉应力域"内拉应力超过混凝土抗拉强度时,混凝土开裂,在相应开裂区域(图 3-2 中阴影)需要配置钢筋来承担引起混凝土开裂的拉应力,保证构件能够继续承担弯矩作用。

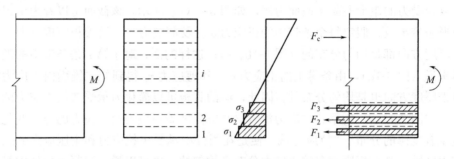

图 3-2 纯弯作用下混凝土构件的"拉应力域"

对于钢筋混凝土梁中常见的两种剪切破坏形态:弯剪破坏和腹剪破坏,斜裂缝发生后截面上的正应力和剪应力分布分别如图 3-3(a)和图 3-3(b)所示。对于开裂区域,不考虑混凝土拉应力作用,仅有剪应力作用,主拉应力主要由沿裂缝分布的剪应力组成,可以认为剪应力在截面的宽度和厚度方向上是近似均匀分布的,对应的主拉应力也是有分布规律的,相应地需要配置钢筋来承担引起开裂的主拉应力;同样的道理,在未开裂区域,由条带上正应力和剪应力合成的主应力也是有分布规律的,需要结合混凝土的破坏准则去判断这一区域是否需要配置钢筋。

从上述分析描述可以得出,混凝土结构的"拉应力域"就是指混凝土单元中(主)拉应力分布有规律的区域,如果该区域内的(主)拉应力超过混凝土的抗拉强度,混凝土开裂,则需要在开裂区域配置钢筋来承担主拉应力。

在实际工程应用中,除了上述的混凝土梁单元中存在"拉应力域"外,大量存在的由混凝土板式构件组成的结构(如箱梁、钢-混凝土组合梁及薄壁桥墩等)中板单元内的正应力及剪应力也可以认为是近似均匀分布的,即组成的主应力可以看作是有分布规律的二维应力,这些板式构件的"拉应力域"分布简述如下:

1) 由多块板式构件(顶板、多道腹板、底板)组成的混凝土薄壁箱梁结构。这些板式构件具有相同的应力分布规律:在板厚度方向剪应力分布是均匀的(图 3-4),即"拉应力域"存在于箱梁的各个板件中。

2) 由混凝土板式构件(顶板)和其他构件组成的组合梁结构。混凝土顶板

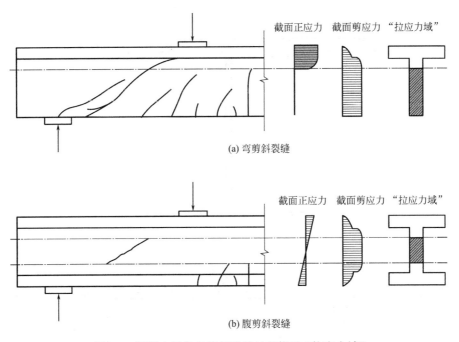

图 3-3 混凝土梁常见剪切裂缝对应截面"拉应力域"

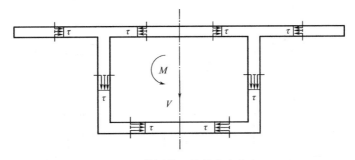

图 3-4 箱梁截面的剪应力分布

具有相同的应力分布规律：在板厚度方向剪应力分布是均匀的（图 3-5 和图 3-6），即"拉应力域"存在于钢-混凝土组合梁结构中的混凝土桥面板中。

3.2.2 抗剪构件的广义化

根据前述混凝土结构"拉应力域"的定义，可以对现有结构设计中的抗剪构件重新解释：对于矩形、T形和工字形开口截面，承受外弯矩时其弯曲剪应力在腹板厚度上也可以认为是均匀分布的，如图 3-7 所示，这类截面的腹板可以看作是承受主拉应力的"拉应力域"。

对于具有薄壁构件特征的箱形截面梁，可以分解为顶板、底板以及多块腹

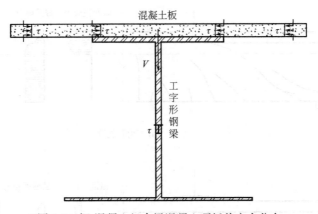

图 3-5 钢-混凝土组合梁混凝土顶板剪应力分布

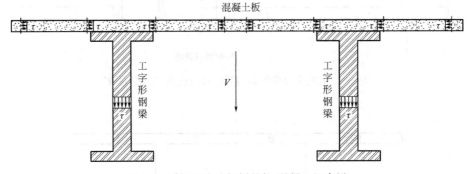

图 3-6 采用两个边钢梁的钢-混凝土组合梁

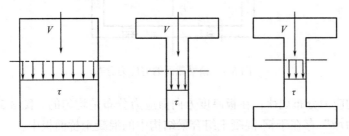

图 3-7 开口截面的腹板剪应力分布

板，如图 3-8 所示；对于作用在箱梁截面上的荷载（轴力 N、弯矩 M、剪力 V、扭矩 T），又可以用顶板、底板和腹板上的正应力和剪应力来表示，如图 3-9 所示；正应力来源于轴力 N、弯矩 M_z 和 M_y 以及扭矩 T（翘曲正应力），剪应力由剪力 V_z、V_y 和扭矩 T 产生。

也就是说，箱梁整体受力反映到各个板件上均是面内受力，箱梁顶板、底板和腹板均同时承受正应力和剪应力，两者合成主压应力和主拉应力，是二维的应

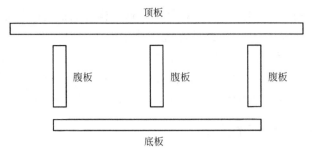

图 3-8 由板件表达的单箱双室箱梁截面

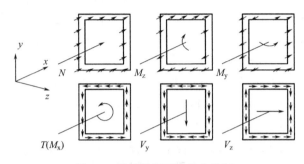

图 3-9 箱梁桥断面的受力分解

力区域,如图 3-10 所示。这样,不但箱梁腹板具有承受主拉应力的"拉应力域",箱梁顶板和底板同样也具有承受主拉应力的"拉应力域",这些区域具有相同的受力特征,都可以看作抗剪构件。

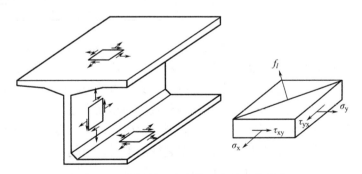

图 3-10 箱梁截面各板件面内的应力分布

如前所述,从"拉应力域"的概念出发,混凝土结构的抗剪构件可以延伸到更广的范围,它并不单指腹板,而应包括所有承受二维面内应力的构件。由于现行国内外规范主要针对矩形截面梁、T 形截面梁等柔细梁,所以,目前的剪切概念一般仅指腹板。前述的各国规范采用的各种抗剪模型也都针对柔细梁的腹板,并不适用于其他同样受力状态的承剪构件,如:箱梁截面的顶板和底板、钢-混

39

凝土组合梁的桥面板、薄壁桥墩的墩柱等，这些构件的抗剪配筋是针对面内主应力的面内剪切配筋，现行《公路桥涵施工技术规范》JTG/T 3650—2020 中并未涉及，无法提供设计方法和手段。而混凝土结构"拉应力域"抗剪配筋方法可以把梁单元（通常意义上的腹板抗剪）、板单元（顶板、底板等）的抗剪配筋都统一到针对面内主拉应力的配筋设计上来，实现抗剪配筋设计方法的统一。

3.2.3 网格抗剪钢筋的提出

在不同设计规范中，对于纯弯构件，平截面假定应用于极限状态下的弯曲钢筋设计；对于弯剪组合受力下混凝土构件，极限状态下弯曲钢筋设计同样基于平截面假定，而对于剪切钢筋设计却差异较大。但各国规范中对于弯剪组合作用区域的配筋设计都基于如下共同的理论基础：1）截面处于二维应力状态，即主拉应力和主压应力；2）平截面假定不适用于极限状态剪切配筋设计；3）抗剪单元包括腹板和箍筋；4）剪切钢筋和弯曲钢筋分别单独设计；5）正常使用极限状态下，剪切裂缝宽度计算缺乏理论依据。混凝土结构中弯剪复合受力区域的抗弯设计及抗剪设计的理论对比如表 3-1 所示。

弯剪组合受力单元抗弯设计与抗剪设计理论基础对比　　　表 3-1

设计类别	截面应力状态	极限阶段截面应变分布	使用极限状态裂缝宽度计算
抗弯设计	一维正应力	满足平截面假定	正截面裂缝有规范公式、有相关理论和试验基础
抗剪设计	二维主应力	不满足平截面假定	斜截面裂缝无规范公式、理论基础不完善

可见，在配筋设计过程中，弯曲钢筋设计基于纯弯理论，剪切钢筋设计基于弯剪理论。对处于组合受力状态（轴力、弯曲、剪切及扭转）的混凝土单元，配筋设计变得更加复杂。通常情况下，正应力、剪应力及扭转应力所需钢筋需要单独进行设计，同时采用简化方法以考虑各种效应的相互作用。

对于弯剪复合受力的混凝土单元，斜裂缝发生前，梁中腹板剪力由垂直相交的对角拉应力和对角压应力共同承担；斜裂缝产生后，混凝土承担主拉应力的能力大大减弱，所有原来承担的主拉应力将全部转给合理配置的钢筋。因此，钢筋配置的情况关系到混凝土梁的安全程度。在前述的各国规范中，仅有箍筋被作为抗剪钢筋进行设计，而箍筋仅能承担主拉应力的竖直分量，主拉应力的水平分量由上下缘纵向弯曲钢筋及混凝土的骨料咬合力承担。随着斜裂缝的发展，骨料咬合力的作用逐渐变弱，斜裂缝的宽度逐渐增大。而在实际工程中，腹板水平钢筋也存在于混凝土结构中，但它们大多被看作构造钢筋（表层钢筋），在剪切强度计算中并未考虑这部分钢筋的作用。

为更好地平衡剪切开裂后主拉应力的水平分量,可以把剪切钢筋的概念从仅指腹板中的箍筋扩大到一个更大的范围,即混凝土单元中腹板水平钢筋和横向箍筋都被看作是抗剪钢筋。在混凝土结构"拉应力域"抗剪配筋设计方法中,提出了一种新的剪切钢筋布置形式——正交网格剪切钢筋(由竖直箍筋及腹板水平钢筋组成),它可以承担各种荷载(轴力、弯曲、剪切及扭转)产生的正应力和剪应力。在这种钢筋配置形式下,斜裂缝(垂直裂缝)发生后,主拉应力(正应力)完全由正交分布的钢筋承担,新的内力平衡体系得以建立并使得结构单元继续承担外荷载。

3.2.4 "拉应力域"理论的基本假定

混凝土开裂后不再承担拉应力,或开裂后混凝土承担的拉应力可以忽略不计。这条基本假定为大家所熟知,一般在正截面计算中均有应用。在混凝土结构"拉应力域"配筋设计方法中,仍然采用这条基本假定,而且从单轴扩展至双轴,即混凝土受(主)拉应力开裂后,在(主)拉应力方向上将不再承担拉应力,所有原来承担的拉应力将全部转给合理配置的钢筋。也就是说,不但不考虑竖直裂缝间混凝土抵抗拉应力的能力,而且同样不考虑斜裂缝间混凝土抵抗主拉应力的能力。

3.2.5 混凝土剪切破坏准则

混凝土结构"拉应力域"配筋理论针对的构件材料是钢筋与混凝土结合在一起的材料,即钢筋是黏化在混凝土内部的,钢筋混凝土实际上是一种材料。开裂后,(主)压应力由裂缝间混凝土承担,混凝土不承担(主)拉应力,(主)拉应力均由网格抗剪钢筋来承担。为区分混凝土截面的开裂区域和未开裂区域,需要采用混凝土材料双向受力下的某种破坏模型。目前广泛应用的破坏准则有最大正应力理论(Rankine准则)、最大剪应力理论(Tresca准则)、平均剪应力准则(Von Mises准则)、Drucker-Prager准则和Mohr-Coulomb准则等。

大量的试验研究表明,混凝土材料的破坏形态与岩石材料一样,主要为剪切滑移断裂(断裂面两侧物体沿断裂面滑动)与受拉分离式断裂(断裂面两侧物体垂直于断裂面方向移动)两种形态。而修正的Coulomb理论(即Mohr-Coulomb理论)能较好地解释混凝土材料的这两种破坏现象,是应用最为广泛的混凝土强度准则之一,在混凝土结构"拉应力域"配筋理论中采用Mohr-Coulomb准则。

对某点应力域为主拉应力 f_1 和主压应力 f_2 的情况,Mohr-Coulomb准则滑移破坏发生的条件是:

$$kf_1 - f_2 = f'_c \tag{3-1}$$

式中 k ——与材料摩擦系数有关的参数,对于混凝土材料取 $k \approx 4$。

分离式破坏发生的条件是：

$$f_1 = f_t \tag{3-2}$$

根据式（3-1）和式（3-2）可以区分混凝土截面的开裂区域和未开裂区域，在开裂区域，混凝土裂缝间主拉应力完全由抗剪钢筋承担。

在混凝土结构"拉应力域"抗剪配筋体系中，开裂区域不计混凝土抗拉能力，配置正交网格钢筋以抵抗主拉应力，裂缝间混凝土需验算所承受的主压应力是否超限；剪压区混凝土所承受的主压应力也需要进行验算。剪切破坏的定义可以理解为在承受主拉应力的腹筋（不论何种）屈服的同时或以后，混凝土在主压应力作用下压溃破坏。基于桁架模型的抗剪模式也可以反映这种形态。这一破坏模式与弯曲破坏概念（在抗弯钢筋达到屈服的同时，弯压区混凝土压溃）是相互一致的。从而，弯剪配筋基于的理论破坏模式在形式上达到了某种程度的统一。因此，在薄膜板式构件的混凝土结构中，抗剪配筋实质上便是针对混凝土构件"拉应力域"的配筋，即设计抗剪钢筋来承担"拉应力域"内混凝土开裂后的二维主拉应力。下面针对"拉应力域"的划分深度、划分方法及基于"拉应力域"的配筋计算方法进行阐述。

3.2.6 "拉应力域"的深度及其划分

"拉应力域"深度为钢筋混凝土构件中需要配设钢筋的范围。由于混凝土抗拉强度很低，在较小的拉应力下即开裂，且开裂后不具有承担拉应力的能力，在钢筋混凝土结构中，钢筋代替混凝土承受拉力作用。混凝土开裂原因如下。

一为正应力超过混凝土抗拉强度。如构件仅受轴力或弯矩作用，截面上仅有正应力，截面上各点为一维应力状态。这时，正应力超过混凝土抗拉强度的范围为"拉应力域"深度，如图3-11（a）所示。

二为主拉应力超过混凝土抗拉强度。如构件的弯剪区段或受扭构件，截面上有正应力和剪应力分布，截面上各点处于二维应力状态。这时，主拉应力超过混凝土的抗拉强度的范围为"拉应力域"深度，如图3-11（b）和（c）所示。

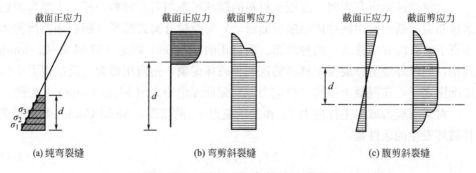

图 3-11 "拉应力域"深度示意图

在"拉应力域"深度范围内合理配设钢筋,在混凝土开裂失去承拉能力后,合理配设的钢筋代替混凝土承拉,并未使应力分布发生变化。

"拉应力域"是在构件中配置钢筋以代替混凝土承受(主)拉应力的区域,该区域(主)拉应力超过混凝土抗拉强度,且(主)拉应力均匀分布。当"拉应力域"深度范围内的应力均匀分布时,全截面应力分布均匀,全截面仅划分为一个"拉应力域";当"拉应力域"深度范围内的应力分布不均匀时,应根据配置钢筋的构造要求(钢筋间距)和应力分布情况,合理划分"拉应力域"。

对梁式构件来说,在纯弯作用下,"拉应力域"仅位于受拉区拉应力超过混凝土抗拉强度的区域(如图 3-2);在弯剪复合作用下,弯剪斜裂缝或腹剪斜裂缝发生区域主拉应力超过混凝土的抗拉强度,即"拉应力域"为斜裂缝发生的区域(如图 3-3)。对板式构件来说,面内剪应力沿其板厚均匀分布,因此其主应力也沿板厚均匀分布。当主拉应力超过混凝土的抗拉强度时,"拉应力域"深度为整个板厚,整个板即为"拉应力域"(如图 3-11)。针对不同类型的构件,根据"拉应力域"内近似均匀分布的应力进行配筋设计。

3.2.7 "拉应力域"配筋计算方法

钢筋混凝土薄膜构件抗剪理论均反映一个共同点,即一旦混凝土发生斜向开裂,钢筋和混凝土将重新分配应力分布。"拉应力域"配筋设计理论从应力角度阐释了开裂后的钢筋混凝土薄膜构件的受力机制,并提出了精细化的配筋设计方法。以下将对该理论进行简单的阐述。

"拉应力域"配筋设计理论首先根据构件受力特点,对目前桥梁上部结构进行重新划分。将桥梁的内部受力类型分为面内双轴受力的板和承受面外弯矩的梁:前者代表结构的整体效应,受力方向为面内(图 3-12a);后者代表结构局部效应,受力方向为面外(图 3-12b)。其中,承受面外单向应力的梁是与基于柔细梁的现行规范相衔接的,适用于现行规范中所有关于纯弯正截面设计状态、配筋方法和设计安全度的条款;因而,代表结构整体效应的承受面内双向应力的板是

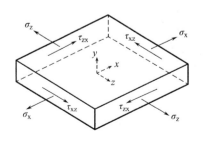
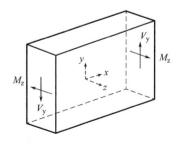

(a) 承受面内双向应力的板　　　　(b) 承受面外单向应力的梁

图 3-12　"拉应力域"构件划分类型

"拉应力域"配筋设计方法的唯一原型构件。

对于承受面内双向应力的板，由于所受的正应力与剪应力沿厚度方向均匀分布，因而合成为面内主应力时，主应力也沿板厚方向均匀分布，即可视这类板处于薄膜应力状态，并将薄膜板中承受主拉应力的二维应力区域定义为"拉应力域"。

对"拉应力域"的钢筋混凝土薄膜板进行分析：当主拉应力小于混凝土抗拉强度时，仍由混凝土承担主拉应力；当主拉应力超过混凝土抗拉强度时，混凝土开裂且承担主拉应力的能力大大减弱，需要配置相应的钢筋来承担引起混凝土开裂的主拉应力，保证构件能够继续承载。也就是说，开裂后的钢筋混凝土单元中，原来由混凝土承担的主拉应力将由钢筋承载。基于这一目标，"拉应力域"筋设计理论提出了一种新颖的剪切钢筋配筋设计理论以及剪切钢筋布置方式——正交网格剪切钢筋。薄膜构件在外荷载作用下的应力状态如图 3-13（a）所示，等效主拉应力 f_1 如图 3-13（b）所示，不考虑裂缝间混凝土抵抗主拉应力的能力，该主拉应力在斜裂缝出现后完全由正交分布的钢筋承担，因此建立平衡体系如图 3-13（c）以使得结构单元继续承担外荷载。微元体裂缝长度为 s，混凝土主压应力倾角为 θ，在裂缝面上通过配置正交各向同性的水平钢筋和竖向钢筋分别

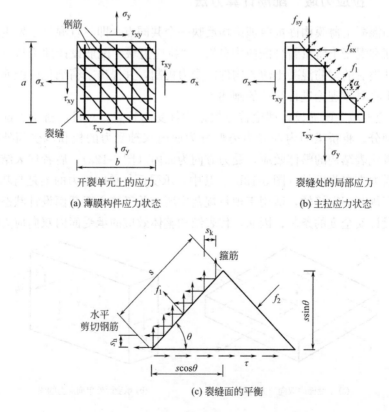

(a) 薄膜构件应力状态　　　　(b) 主拉应力状态

(c) 裂缝面的平衡

图 3-13　正交网格剪切钢筋的设计计算图示

平衡开裂后主拉应力的水平分量及竖直分量，相应的平衡方程为：

$$f_1 \cdot s \cdot b \cdot \cos\theta = f_{sv} \cdot A_{sv} \cdot \frac{s \cdot \cos\theta}{s_k} \quad (3\text{-}3)$$

$$f_1 \cdot s \cdot b \cdot \sin\theta = f_{sh} \cdot A_{sh} \cdot \frac{s \cdot \sin\theta}{s_h} \quad (3\text{-}4)$$

简化式（3-3）和式（3-4），得到水平钢筋及竖向钢筋的配筋率分别为：

$$\frac{A_{sv}}{s_k} = \frac{f_1 b}{f_{sv}} \quad (3\text{-}5)$$

$$\frac{A_{sh}}{s_h} = \frac{f_1 b}{f_{sh}} \quad (3\text{-}6)$$

式中 A_{sv}、A_{sh}——分别为竖向箍筋和水平钢筋的面积；

s_k、s_h——分别为竖向箍筋和水平钢筋的间距；

f_{sv}、f_{sh}——分别为竖向箍筋和水平钢筋的屈服应力；

f_1——混凝土转给钢筋的主拉应力。

"拉应力域"配筋设计理论是对剪切钢筋抗剪机制的重新认识。它将钢筋与混凝土视为整体，通过薄膜化的钢筋布置来抵抗任意位置"拉应力域"内的主拉应力，剪切钢筋的作用可以等效为薄钢板，裂缝出现后混凝土间的主拉应力将由这块薄钢板承担，如图3-14所示。因此，任意应力状态的钢筋混凝土薄膜构件的承载力分析，均可转换为对主拉应力和主压应力的二维应力分析。斜裂缝出现后，水平钢筋与竖向箍筋形成网格剪切钢筋，承受主拉应力 f_1，混凝土承受主压应力 f_2，即混凝土和钢筋共同传递截面上的弯剪应力，从而形成整体抗剪受力模式。基于"拉应力域"配筋设计理论，从两个方面对薄膜构件承载能力进行分析：1）开裂区域不考虑混凝土抗拉能力，验算配置正交网格钢筋能否抵抗主拉应力；2）验算裂缝间混凝土所承受的主压应力是否超限。

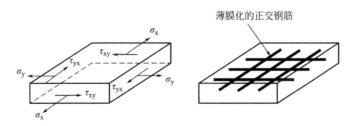

图 3-14 薄膜化的钢筋混凝土薄膜构件

"拉应力域"配筋设计理论是对现有的钢筋混凝土梁配筋设计方法的完善。由上述得到的配筋计算公式可以看出，考虑空间效应的混凝土配筋理论得到的网格钢筋适用于所有板件，即不只适用于传统的承剪构件——腹板，也适用于同样为承剪构件的箱梁顶板和底板。同时，抗剪钢筋不再仅有箍筋，与其正交的腹板水平钢筋也同样是抗剪钢筋。

目前，各国规范对浅梁抗剪机制的阐述尚不完善，均将箍筋作为主要的剪切钢筋，ACI等国外规范间接地考虑纵筋的抗剪贡献，但没有给出纵筋抗剪模型。这时，箍筋承担主拉应力的竖直分量，而主拉应力的水平分量则由上、下缘纵向弯曲钢筋及混凝土的骨料咬合力承担。因此，为更好地平衡开裂后主拉应力的水平分量，可把剪切钢筋的概念从箍筋扩大到一个更大的范围，即竖向箍筋和水平钢筋均看作是剪切钢筋，分别承载主拉应力的竖直与水平分量。事实上，在实际工程中，腹板水平钢筋也存在于混凝土结构中，但它们大多被看作构造钢筋，在剪切强度计算中并未考虑这部分钢筋的作用。由此可见，"拉应力域"配筋理论提供了更为实用、精细化的配筋设计方法，更清晰地解释了钢筋混凝土构件的受力机制。

3.3　本章小结

混凝土结构"拉应力域"配筋方法是针对应力分布有规律的构件的广泛适用性配筋方法。箱梁结构的顶板、底板和腹板同样是应力分布有规律的区域：主要由主拉应力和主压应力构成，出平面的应力较小，故其"拉应力域"是一片承受主拉应力的区域。

"拉应力域"法配筋理论可以推广适用于任何存在"拉应力域"的构造区域的实体配筋，根据应力切片和"拉应力域"深度控制钢筋网分布，达到抵抗主拉应力的目的。本章方法可供桥梁设计和施工参考。

第 4 章

预应力混凝土箱梁桥开裂分析

4.1 箱梁桥病害状况及成因概述

由第 1.2 节及相关文献中关于箱形结构桥梁典型病害成因分析可知,大跨径混凝土箱梁桥主要病害为箱梁开裂和跨中长期下挠,主梁开裂与长期下挠相互影响。开裂后主梁刚度减弱,引起主跨的下挠;同样主梁下挠也会进一步加剧箱梁开裂,形成恶性循环。大跨径预应力混凝土箱梁桥发生长期下挠的案例屡见不鲜,另据初步统计分析,大跨径梁桥下挠的年平均速率 f 与跨径 L 之间存在如下关系:

$L=100\sim160\mathrm{m}$,$f=5\sim10\mathrm{mm}/$年

$L=160\sim220\mathrm{m}$,$f=10\sim20\mathrm{mm}/$年

$L=220\sim270\mathrm{m}$,$f=20\sim30\mathrm{mm}/$年

大跨径预应力混凝土箱梁桥跨中持续下挠的问题不仅出现在我国,在国外同类型桥梁中也常出现。

针对这个问题,国内外许多学者做了大量的研究工作,其中有些研究结论认为其主要原因来源于混凝土徐变模型或是一些设计计算参数带来的误差。实际上,这些结论往往忽视了不正常下挠通常伴随着开裂。可以很方便地做一个参数分析:将徐变模型改变或将某个关心的设计计算参数改变,结果可以发现徐变模型或这些参数的变化对挠度的变化非常有限,即只有一个窄幅变化的范围。这个范围是可预期的,即并不是我们希望解决的快速下挠或加速下挠问题的答案。

近年来,我国在不同地域、不同环境,由不同施工队伍建设的大跨径预应力混凝土箱梁桥均出现较为普遍的开裂下挠病害,其原因是多方面的,除与施工质量、环境因素等条件有关外,与设计中的验算应力缺失和桥梁斜截面抗剪强度理论的不完善也是密不可分的。这可以说明有可能在设计方法的源头就存在缺陷。

箱梁开裂和长期性下挠现象已经相当普遍,甚至在一定程度上已经阻碍并制约了大跨径预应力混凝土桥梁的发展。同时也可以预见,由于设计方法的不完善和施工质量缺陷的经常发生,我国桥梁维修加固的高峰期也将到来。由于至今对大跨径混凝土箱梁桥的开裂下挠病害认识并不彻底,有些加固方法可能并没有达到预期的加固效果,甚至可能蕴藏着潜在的危险,反而加重危旧桥梁的病害,如

Koro-Babeldaob 桥是一座跨中带铰的三跨预应力混凝土桥，跨径组合（72＋241＋72）m，是当时世界上同类桥梁中跨径最大的。该桥 1978 年建成通车，不久便发现跨中下挠较大；至 1990 年，最大下挠达到 1.2m，后采用体外索进行加固，减小跨中挠度；1996 年加固结束后不到 3 个月就发生倒塌事故，故针对大跨径混凝土箱梁桥的建设更需要在设计计算方法的理论基础上有新的见解。

目前工程界在开裂分析中，往往以应力超限的强度理论作为基础，即拉应力（或主拉应力）一旦超过了混凝土的极限抗拉强度就会出现开裂。通过第 2 章和第 3 章的介绍可知，有理由坚信从"拉应力域"（依托空间网格模型）的角度可以分析两个样本桥梁开裂下挠的成因，并且以期将开裂下挠的问题在设计计算方法上有所体现，以此推动分析方法和设计方法的进一步改善。

以下对 3 座实际桥梁进行空间网格法分析，分别采用梁＋板组合式划分建模和完全板式划分建模，对桥梁结构的各种荷载效应进行分析，特别关注病害位置的正应力及主拉应力指标，在精确结果的基础上将开裂位置、开裂形式与实际检测资料进行比较。

4.2 案例桥梁 1 开裂分析

4.2.1 工程概况

案例桥梁 1 为贵州地区一座桥，于 1993 年竣工，桥梁全长 200m，跨径布置为（55＋90＋55）m，是一座变截面预应力混凝土连续箱梁桥，立面布置及节段施工划分如图 4-2 所示。

该桥采用单箱单室箱梁截面，梁底线形为二次抛物线与直线段相结合的形式，具体截面尺寸如图 4-1 所示。在箱内顶板上设置加劲肋，间距为 3m，箱内支点及跨中均设置横隔板。

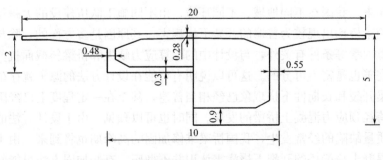

图 4-1 箱梁截面示意图（单位：m）

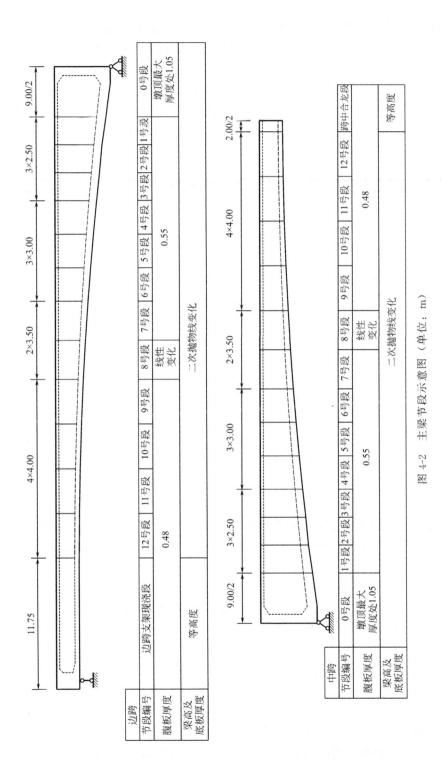

图4-2 主梁节段示意图（单位：m）

箱梁采用C45混凝土，桥面铺装采用6cm沥青混凝土和6cm的C30混凝土。箱梁采用三向预应力体系，其中，纵向预应力采用 7 ϕ^s15.24 钢绞线（f_{pk}＝1860MPa），张拉控制应力 σ_{con}＝$0.75f_{pk}$＝1395MPa；横向及竖向预应力采用 24φ5 高强钢丝（f_{pk}＝1600MPa），张拉控制应力 σ_{con}＝$0.75f_{pk}$＝1200MPa，布置在顶板、中墩横隔梁、跨中合龙段横隔梁及腹板内。纵向预应力钢束形式包括顶板（腹板）下弯束、边跨腹板弯起束、底板束、中跨腹板弯起束等，如图 4-3 所示。

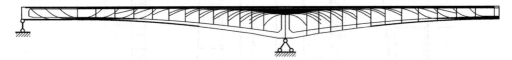

图 4-3 纵向钢束示意图

腹板竖向预应力采用 24φ5 的高强钢丝，在有限元模型中直接输入竖向预应力的效应 σ_z。竖向预应力效应 σ_z 的具体计算公式如下。

$$\sigma_z = 0.6 \cdot \frac{n \cdot (\sigma_{con} - \sigma_{l1} - \sigma_{l2} - \sigma_{l5}) \cdot A_p}{b \cdot l}$$

式中 n——相应腹板单元内的竖向预应力根数；

σ_{l1}、σ_{l2}、σ_{l5}——预应力损失项，分别参照《公路钢筋混凝土及预应力混凝土桥涵设计规范》JTG D62—2004 中的式（6.2.2）、式（6.2.3）、式（6.2.6-1）计算，其中预应力束长度在一个箱梁节段内取各根预应力束长度的均值；

A_p——一根 24φ5 高强钢丝的面积；

b——计算位置的腹板厚度；

l——计算位置的箱梁节段长度。

根据《公路钢筋混凝土及预应力混凝土桥涵设计规范》JTG D62—2004 的相关说明，竖向预应力计算时，考虑较大的预应力损失，按照计算的有效预应力的 60％进行考虑。

主梁施工采用悬臂浇筑方法，全桥悬臂施工共分 12 个节段；边跨 11.75m 为支架现场浇筑法施工；跨中合龙段为 2m 的现场浇筑节段。

原活载设计荷载为汽车—超 20 级，挂车—120；人群荷载取 $4kN/m^2$。现依据《城市桥梁设计规范》CJJ 11—2011 城—A 级车道荷载进行结构复核，并进行特—420 车辆荷载验算，人群荷载数值依据跨径确定。

4.2.2 桥梁病害情况

该桥梁于 2009 年初进行了检测，发现的主要病害包括：

（1）腹板多处出现斜裂缝，裂缝大多集中在边跨跨中及中跨四分点附近。腹板局部位置有水平裂缝。左侧腹板共计发现裂缝 39 条，裂缝宽度多为 0.1～0.4mm；右侧腹板共计发现裂缝 33 条，裂缝宽度多为 0.2～0.4mm。最大裂缝宽度为 0.8mm，最长裂缝长度为 2.14m，大多超过了容许值 0.1mm。并且根据跟踪检测发现，裂缝在不断地发展增多、增大。

（2）横向加劲肋下缘开裂，检测发现横向加劲肋下缘出现竖向裂缝，底缘裂缝与侧面裂缝形成 U 形裂缝，属于典型的横向弯曲开裂问题。

（3）翼缘板与腹板交接位置出现纵桥向水平裂缝。

以上第二条和第三条已采用粘贴碳纤维布的方式来进行加固，加固一定时间后，经观测发现部分位置碳纤维布仍存在拉裂现象。

4.2.3 模型概况及工况模拟

1）模型介绍

针对案例桥梁 1 利用空间网格法建立分析模型，截面划分时采用梁＋板组合式划分，全桥共有 2065 个节点和 3812 个单元，结构左半跨及节段模型图如图 4-4 所示，采用以下的梁＋板组合式空间网格模型对该桥进行精细化分析。

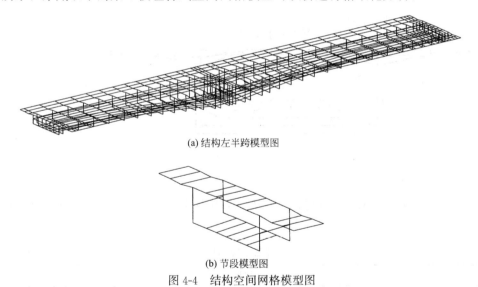

(a) 结构左半跨模型图

(b) 节段模型图

图 4-4　结构空间网格模型图

横隔梁在模型计算时只计入结构，重量按均布荷载计入。主桥支座采用支座链杆单元（只有轴向刚度）模拟，下部节点约束其六个自由度，上部节点连接到腹板单元下节点。全桥支座连杆的上节点按计算工况（施工过程或成桥状态）进行约束。成桥约束布置如图 4-5 所示。桥梁整体坐标系的选取为：原点设在一侧端横梁的中点，方向规定根据右手规则，x 方向沿桥梁纵向，y 方向为竖直向上，z 方向沿桥梁横向。

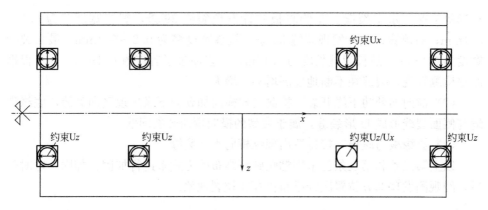

图 4-5 成桥支座约束

箱梁断面的划分和节点情况,如图 4-6 所示(虚线表示截面单元的分割线),沿纵向共分为 22 根纵梁:直腹板划分为 1 根工字形纵梁单元,可以得到截面上、下缘位置的正应力及腹板上、中、下三个位置主应力;顶板、底板划分为多个板单元,可以得出板单元上、下缘的正应力及单元的面内主应力。

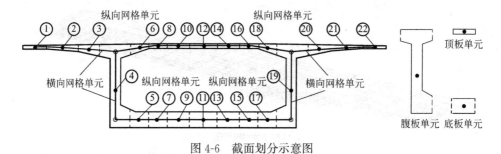

图 4-6 截面划分示意图

2)悬臂施工工况模拟

主桥施工方法采用悬臂对称浇筑方法,中跨与边跨各分 12 个节段。详细施工顺序如表 4-1 所示。

施工工况模拟 表 4-1

阶段编号	施工说明	施工周期(d)
1	浇筑墩顶 0 号现浇段,张拉相应阶段预应力	15
2~13	对称浇筑 1 号~12 号梁段,张拉相应阶段预应力	12×10
14	边跨支架现浇,张拉相应阶段预应力	20
15	边跨合龙,拆除边跨支架	5
16	主跨跨中合龙,张拉相应阶段预应力	10
17	桥面二期铺装	30
18	徐变 1 个月	30

续表

阶段编号	施工说明	施工周期(d)
19	徐变3个月	60
20	徐变半年	90
21	徐变1年	180
22	徐变3年	720
23	徐变5年	720
24	徐变10年	1800
25	徐变15年	1800

3）计算工况说明

除了悬臂施工模拟以外，还包括以下的分析工况。

（1）温度作用：整体升降温，考虑±20℃的温度效应；梯度温度，依据《公路钢筋混凝土及预应力混凝土桥涵设计规范》JTG D62—2004规定，考虑6cm沥青混凝土铺装层温度效应，梯度降温按照梯度升温的−0.5倍取值。

（2）基础沉降：不均匀沉降按照2cm取值，分别考虑单墩、双墩及隔墩等不同情况组合。

（3）活载效应：设计荷载采用城—A级活载，验算采用特—420车辆荷载，人群荷载依据跨径确定。

（4）效应组合：在上述工况的计算基础上，依据《公路钢筋混凝土及预应力混凝土桥涵设计规范》JTG D62—2004的相关规定，进行荷载效应组合，关注正常使用极限状态长期效应组合及短期效应组合，并考虑弹性状态组合。

4.2.4 计算结果

针对案例桥梁1的实际破坏情况，需要重点关注几个特征位置的指标应力，包括腹板斜裂缝对应的主拉应力，加劲肋开裂对应的横向正应力等。还需要关注荷载作用下的结构位移情况。在开裂分析中，认为混凝土材料在拉应力超过2MPa时会出现开裂问题，并以此作为开裂病害的强度标准。

对于梁+板组合式划分，指标应力位置如图4-7所示。正应力可以得到腹板及顶板、底板4个上下角点的正应力。对于腹板单元可以得到上、中、下三个位置的主应力，对于顶板、底板可以得到单元面内的主拉及主压应力。

1）恒载应力

恒载包括了结构自重、预应力效应以及收缩徐变效应在内，应力单位是"kPa"，横坐标为桥梁纵桥向位置，以左侧梁端部为零点。

（1）腹板正应力计算结果

恒载正应力结果如图4-8所示，仅在结构自重、预应力效应以及收缩徐变效

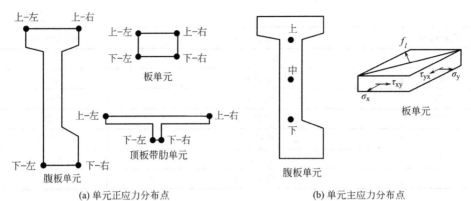

(a) 单元正应力分布点　　　　　　　　(b) 单元主应力分布点

图 4-7　应力结果分布点示意图

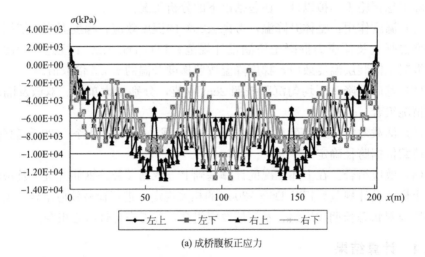

(a) 成桥腹板正应力

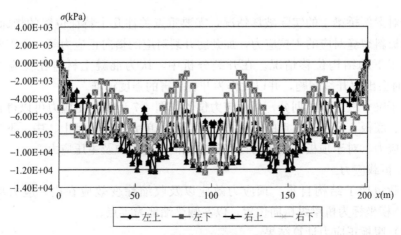

(b) 成桥15年后腹板正应力

图 4-8　腹板正应力结果

应作用下，腹板截面以受压为主，仅在边墩支撑位置会有拉应力存在，数值在 2MPa 以下。徐变 15 年后，拉、压应力均会出现减缓的趋势。

（2）腹板剪应力计算结果

在梁＋板组合式空间网格模型中，腹板剪应力计算采用 1.2 倍的 Q/bh 的方法进行计算。

腹板剪应力结果如图 4-9 所示，成桥时腹板在中墩支撑处剪应力最大达到 3.58MPa，边墩支撑处剪应力最大达到 2.90MPa。由空间网格模型验证结论，可以认为采用 1.2 倍的 Q/bh 计算的剪应力能够完全包络住剪应力最值。徐变 15 年后，剪应力最值也会出现减弱的趋势。

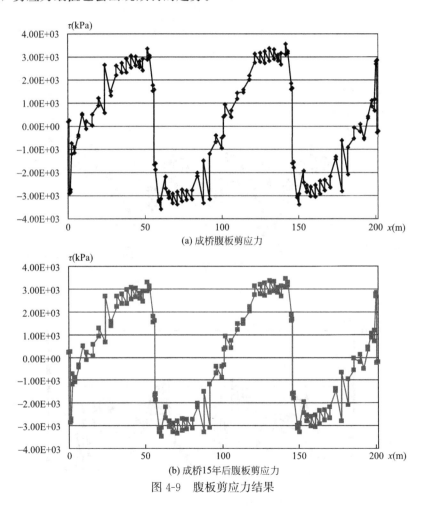

图 4-9　腹板剪应力结果

（3）腹板主应力计算结果

腹板主应力计算结果如图 4-10 所示，腹板在一定的范围内，均会出现主拉应

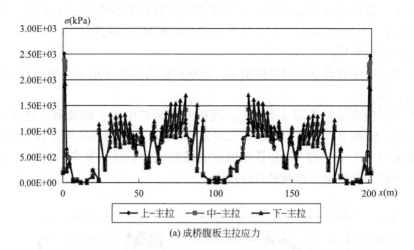
(a) 成桥腹板主拉应力

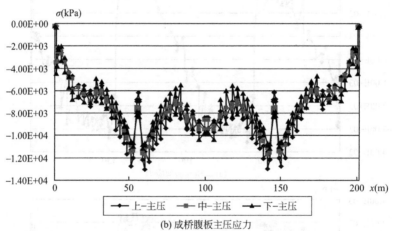
(b) 成桥腹板主压应力

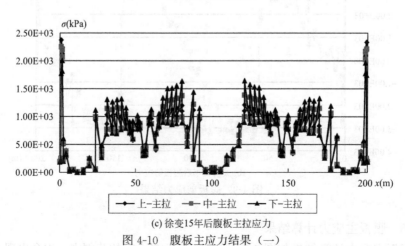
(c) 徐变15年后腹板主拉应力

图 4-10 腹板主应力结果（一）

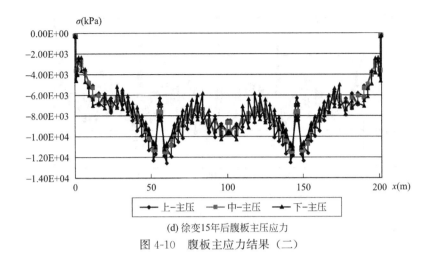

(d) 徐变15年后腹板主压应力

图 4-10 腹板主应力结果（二）

力，成桥时在边墩支撑位置会出现超过 2MPa 的主拉应力。在距离中墩支撑 6~36m 范围之间腹板会出现 1~1.7MPa 的主拉应力。此范围也是实际检测中发现腹板斜裂缝出现最多的地方。

（4）顶板、底板正应力计算结果

恒载作用下，几乎所有的顶板、底板单元正应力均为压应力。仅以容易出现问题的底板 5 号位置纵梁为例，给出应力结果如图 4-11 所示。

（5）顶板、底板剪应力计算结果

底板 5 号位置纵梁剪应力计算结果如图 4-12 所示。

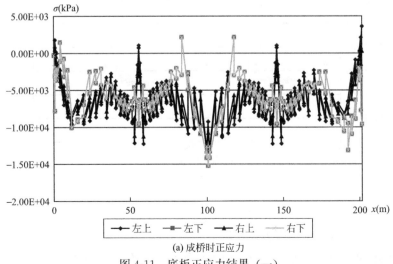

(a) 成桥时正应力

图 4-11 底板正应力结果（一）

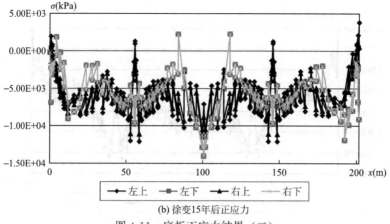

(b) 徐变15年后正应力

图 4-11 底板正应力结果（二）

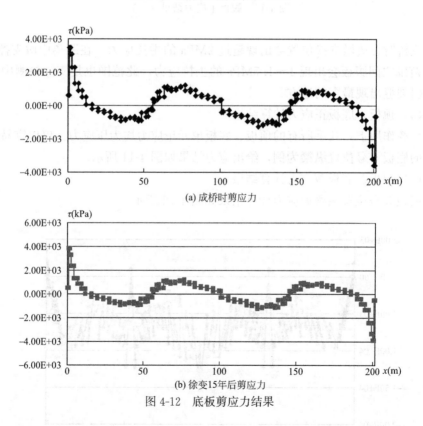

图 4-12 底板剪应力结果

（6）顶板、底板主应力计算结果

底板 5 号位置纵梁主应力计算结果如图 4-13 所示。

从上述的正应力、剪应力及主应力计算结果来看，在恒载作用下，该样本桥梁除了在支撑位置出现应力集中现象，会出现较大的应力峰值外，其余大部分位

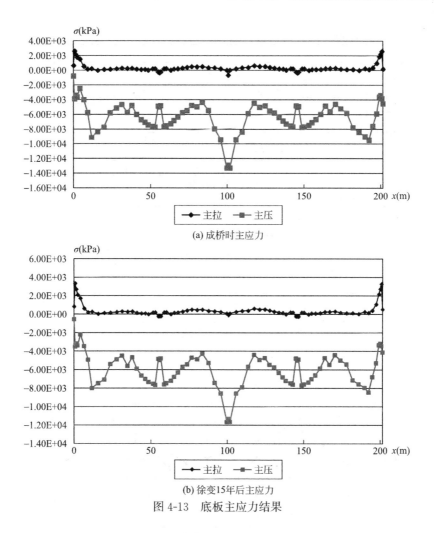

图 4-13 底板主应力结果

置,均不会出现较大的拉应力及主拉应力。

恒载,包括预应力效应在内属于对称荷载,产生的主要效应是纵向效应,当底板预应力钢束布置合理充足时,可以提供较为充足的预压力,避免底板的开裂破坏。该样本桥梁在边跨及中跨位置,配置了平行于梁底曲线的底板束,在靠近腹板一定范围内的底板内分散布置,布束比较合理。

(7) 顶板横向正应力

对于顶板横梁,该样本桥梁存在两种截面形式,一种为带加劲肋的横梁,另一种为与顶板同厚度的横梁,因此分别选取两种类型典型横梁进行分析,加劲肋横梁选取中跨 $L/4$ 位置横梁(L 为中跨跨径),非加劲肋横梁选取跨中合龙位置横梁。以距桥梁跨中距离为横坐标,加劲肋顶板横向正应力计算结果如图 4-14 所示,非加劲肋顶板横向正应力计算结果如图 4-15 所示。

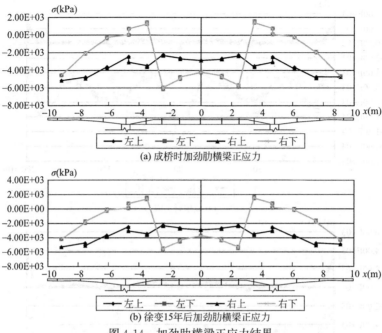

图 4-14　加劲肋横梁正应力结果

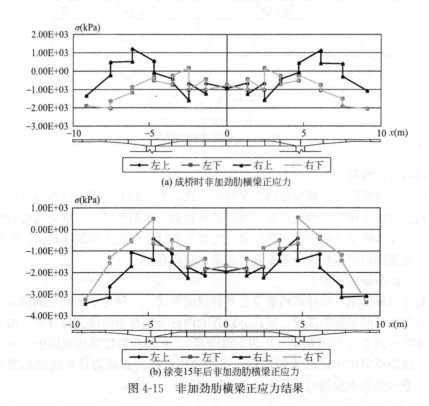

图 4-15　非加劲肋横梁正应力结果

从上述顶板横向正应力来看，在单纯的恒载作用下，顶板横向部分位置会出现一定程度的拉应力，拉应力集中出现在翼缘板与腹板交接位置附近。其余大部分位置以压应力为主，在加劲肋内部及顶板内部布置有横向预应力钢束，特别是加劲肋内部横向预应力束采用了下弯的方式布置，可以抵抗横向弯矩。加劲肋横梁最大拉应力约为 1.56MPa，出现在箱室内侧靠近腹板位置，此处位于根部位置，负弯矩较大，而相应的横向预应力偏心距较小，容易出现顶板纵向水平裂缝，实际情况中也发生了相应的开裂问题。

2）位移变化

模拟悬臂施工过程，并考虑 15 年的收缩徐变效应后的恒载位移 W 如图 4-16 所示。$W_{净位移}=W_{徐变15年}-W_{成桥}$，即徐变 15 年引起的挠度。

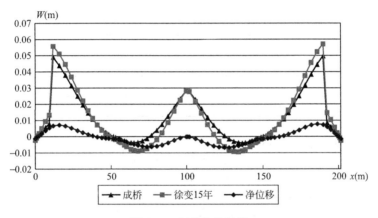

图 4-16　恒载位移结果

从恒载位移结果来看，收缩徐变效应会对该样本桥梁造成的影响是，中跨出现下挠效应，边跨出现上挠效应。分析时，不考虑结构开裂的影响，认为结构始终处于弹性状态，材料为线弹性材料，预应力效应等与设计计算相同，不考虑施工造成的有效预应力不足，结构自重增加等非确定性因素的影响。

若以设计的纵坡为标准，假定成桥时，经过施工过程中抛高调整，成桥状态与设计线形完全吻合，实际检测发现，边跨及中跨均出现了下挠的现象。可以推断结构最后的下挠病害不仅是由收缩徐变效应引起的，可能还涉及与开裂病害的相互恶化影响问题。关于此问题将在病害的跟踪分析中进行模拟分析。

3）剪力滞效应

在模型验证中提到空间网格模型可以反映出复杂结构的空间效应，包括剪力滞效应、闭口截面弯曲剪应力等。对于桥梁结构，除满堂支架施工之外，其余大部分结构在施工过程中均会出现体系转换问题。例如，悬臂施工时，将会经历双侧大悬臂施工、边跨合龙、单侧大悬臂施工及中跨合龙等不同阶段，每个阶段里面不仅承受结构自重，还会有预应力效应等其他荷载作用。此时，桥梁结构同一位置横桥向正应力不均匀的分布规律，即为剪力滞效应，该效应会在不同时期出现不同的变化情况。

针对案例桥梁 1 依据施工模拟过程，选择 2 种结构工况进行分析：施工状态 1——最大悬臂状态、施工状态 2——成桥状态；选择 2 种荷载工况进行分析：荷载工况 1——结构自重作用、荷载工况 2——结构自重与预应力共同作用。

纵向选择中跨 3 个特征位置：位置 1——距离中墩 $L/16$ 位置、位置 2——距离中墩 $L/8$ 位置、位置 3——距离中墩 $L/4$ 位置，$L=90$m 为中跨跨径。

(1) 最大悬臂状态顶板、底板剪力滞效应

距离中墩 $L/16$ 位置处应力分布结果，以剪力滞系数 λ 的形式表示如图 4-17 所示。

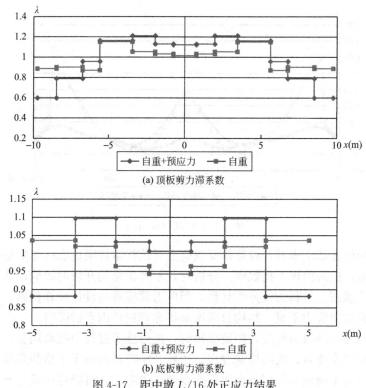

图 4-17　距中墩 $L/16$ 处正应力结果

距离中墩 $L/8$ 位置处应力分布结果，以剪力滞系数的形式表示如图 4-18 所示。
距离中墩 $L/4$ 位置处应力分布结果，以剪力滞系数的形式表示如图 4-19 所示。

(2) 成桥状态顶板、底板剪力滞效应

距离中墩 $L/16$ 位置处应力分布结果，以剪力滞系数的形式表示如图 4-20 所示。

距离中墩 $L/8$ 位置处应力分布结果，以剪力滞系数的形式表示如图 4-21 所示。

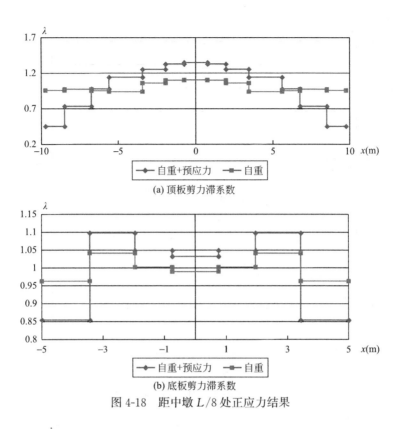

图 4-18 距中墩 $L/8$ 处正应力结果

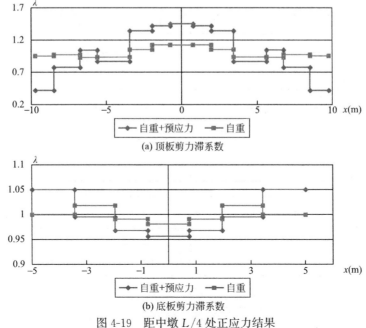

图 4-19 距中墩 $L/4$ 处正应力结果

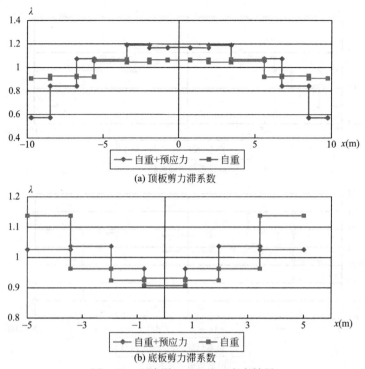

图 4-20　距中墩 $L/16$ 处正应力结果

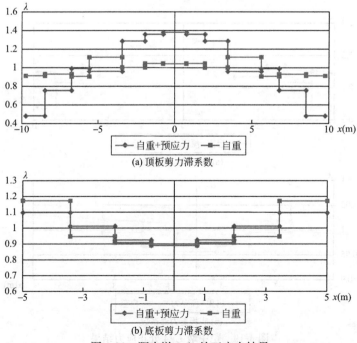

图 4-21　距中墩 $L/8$ 处正应力结果

距离中墩 $L/4$ 位置处应力分布结果，以剪力滞系数的形式表示如图4-22所示。

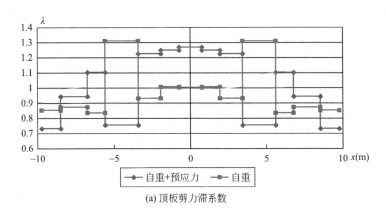

(a) 顶板剪力滞系数

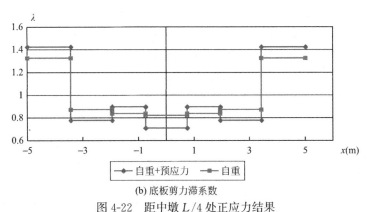

(b) 底板剪力滞系数

图 4-22　距中墩 $L/4$ 处正应力结果

（3）剪力滞效应结果分析

从上述两种工况的顶板、底板正应力分布情况可以看出：

首先，传统分析认为，在大悬臂状态下，均布荷载作用下，从固定端至 $L/4$ 附近范围之间为正剪力滞效应，其余较大范围内为负剪力滞效应。从图4-17的结果可以看出，结构自重作用下，在 $L/16$ 处腹板位置剪力滞系数为 $1.15>1$，属于正剪力滞现象。在 $L/8$ 处及 $L/4$ 处腹板位置剪力滞系数分别为 $0.940<1$ 及 $0.936<1$，表现为负剪力滞现象。预应力张拉后，会改变正应力的分布规律，预应力张拉位置会产生较大的正应力，然后向两侧扩散。该样本顶板预应力束在两腹板之间顶板区间内均有张拉，分布范围较广，因此上述范围内剪力滞系数会增大。分布规律出现了上拱的趋势，与传统的正、负剪力滞效应现象均不同。

其次，成桥状态下，按照传统解析法分析剪力滞效应时，变截面连续梁会较为复杂。利用空间网格法及空间网格模型，可以相对方便地得到正应力的分布规律。自重作用下，选取的三个特征位置计算结果显示均为正剪力滞效应，三个位置的剪力滞系数分别为 1.07（$L/16$）、1.11（$L/8$）及 1.31（$L/4$）。预应力张拉后，顶板的剪力滞效应也不是单纯的正、负剪力滞效应，沿横桥向会出现上拱或波纹形的正应力分布现象。正应力分布规律与预应力布置位置有很大的关系。

在规范有效分布宽度计算中，预应力弯矩效应计算时考虑有效分布宽度。有效分布宽度采用与自重相同的参数指标，当截面处于预应力传递扩散范围之外时，依据此思想计算是准确的。但实际桥梁结构中，特别是悬臂施工中，每个节段端部都存在预应力钢束的锚固与张拉，每个节段会处在不同的预应力钢束扩散范围之内，从精确分析应力分布的角度来讲，需要关注此种不均匀应力分布的现象。

最后，随着施工阶段不同，结构体系会出现变化。悬臂施工阶段在结构自重作用下，会在部分位置出现负剪力滞效应。预应力张拉后，应力分布规律会产生变化。比较预应力张拉后，悬臂结构与成桥结构两种状态下的剪力滞系数可以看出，应力的不均匀程度变化较大。以腹板与翼缘板交接位置剪力滞系数 λ_1 以及翼缘板中心位置剪力滞系数 λ_2 为例，对比结果如表 4-2 所示。

剪力滞系数对比　　　　　　　表 4-2

位置	悬臂状态		成桥状态		相对误差	
	λ_1	λ_2	λ_1	λ_2	λ_1	λ_2
$L/16$	1.16	1.12	1.07	1.19	8.41%	−5.71%
$L/8$	1.14	1.33	0.96	1.38	18.75%	−3.62%
$L/4$	0.87	1.42	0.76	1.25	14.47%	13.60%

对比上述剪力滞系数可以看出，以成桥状态为标准，相对误差大多超过 5%。上述计算结果均是以各自阶段的剪力滞系数的形式表示的，实际应力状态随施工阶段的不同，同一位置应力差异更大。剪力滞系数的影响因素中，包括了结构形式、荷载形式以及箱梁本身的截面特性（宽跨比及刚度比），不同系数的敏感程度不同，对于该样本桥梁，同时受到结构形式及荷载形式的影响，综合导致剪力滞效应的变化更为明显。

4）活载应力及位移

对空间网格模型按照影响面方法进行加载，计算活载作用下结构的应力及位移包络情况。

空间网格模型活载计算时，可以生成单元的影响面，然后在车辆布载范围内，结合影响面分布规律进行加载，得出内力包络组合；然后依据不同内力包络组合，得出应力包络的结果。

腹板正应力、剪应力、主应力及位移的分布情况结果如图 4-23～图 4-26 所示，拉为正、压为负。

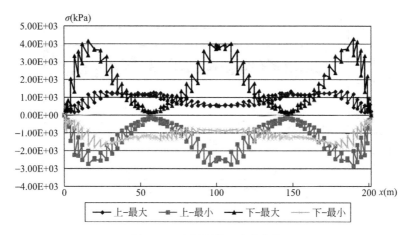

图 4-23 腹板活载正应力包络

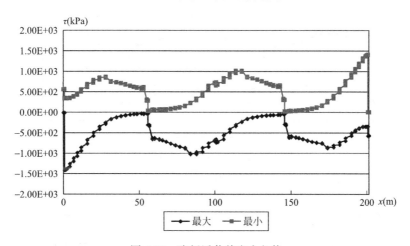

图 4-24 腹板活载剪应力包络

(1) 腹板活载正应力包络结果

从活载正应力包络结果来看，最大拉应力出现在中跨跨中及距离边墩 $L/4$ 附近位置，中跨及边跨正应力结果基本相同，表明边/中跨比例适宜，该桥边/中跨比例为 0.61。

(2) 腹板活载剪应力包络结果

腹板剪应力计算仍然采用 1.2 倍的 Q/bh 来计算，沿腹板高度方向保持不变，最大剪应力出现在边墩支撑位置，为 1.41MPa。

(3) 腹板活载主应力包络结果

活载作用下，通过腹板主应力计算结果可以看出，腹板上、中、下三个特征位置均会出现主拉应力，其中边墩及距离边墩 $L/4$ 位置会出现较大的主拉应力，中跨跨中位置主拉应力也较大。上述几个位置会是可能出现开裂病害的位置。

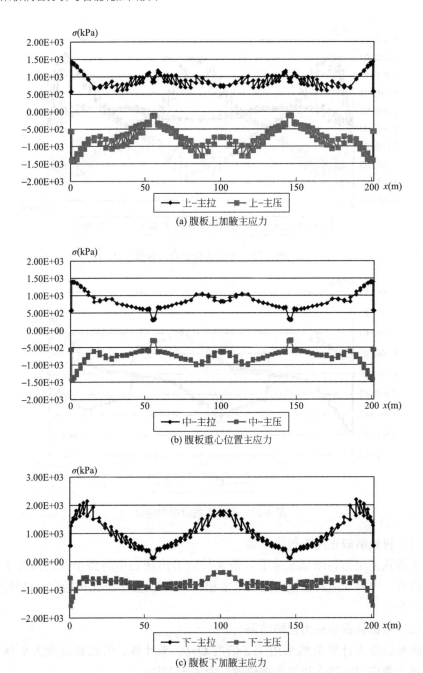

图 4-25 腹板活载主应力包络

（4）活载位移包络结果

活载作用下，中跨跨中最大位移幅度为 0.042m，边跨最大位移幅度为 0.024m。可以推断该样本桥梁设计刚度较大。

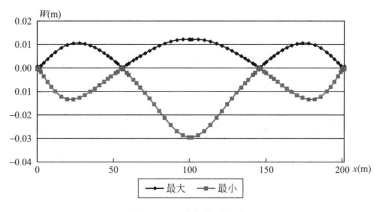

图 4-26 活载位移包络

5）效应组合下腹板主应力

考虑所有计算工况，进行效应组合计算，组合项包括结构自重、收缩徐变效应、预应力效应、活载、基础沉降及温度效应等。正常使用极限状态长期效应组合后的腹板主应力情况如图 4-27 所示。

正常使用极限状态长期效应组合的结果表明，在边墩支撑位置以及中墩支撑两侧 36m 范围内，主拉应力数值较大，接近 2MPa。计算过程中，未考虑竖向预应力失效的问题；当考虑竖向预应力失效时，主拉应力数值还会增大。根据检测报告显示，中墩两侧 7~38m 之间是腹板斜裂缝集中出现位置。有限元分析结果与实际检测报告相符。腹板主压应力数值均能够满足规范要求。

6）特—420 车辆荷载验算

根据设计要求，该桥要进行特种平板挂车车辆荷载验算，采用的标准为特—420 车辆荷载。车辆荷载验算时，主要关注顶板横向正应力情况。

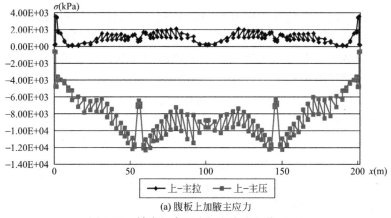

(a) 腹板上加腋主应力

图 4-27 效应组合下腹板主应力包络（一）

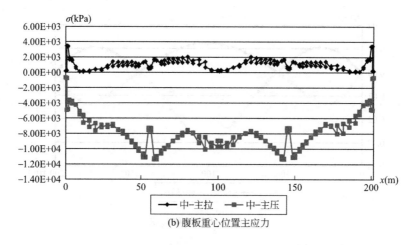

(b) 腹板重心位置主应力

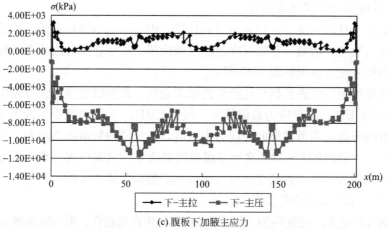

(c) 腹板下加腋主应力

图 4-27 效应组合下腹板主应力包络（二）

根据规范《城市桥梁设计规范》CJJ 11—2011 附录 A 特种荷载及结构验算中 A.0.2 的相关规定：对于设置中间分隔带的机动车道的桥面，当中间分隔带两侧机动车道各为三车道或更宽时，车辆应居中行驶，行驶范围不应大于 6m。据此规定，验算平板车在桥面上的布置如图 4-28 所示。

关注顶板横向正应力在特—420 活载作用下的分布情况，中跨 $L/4$ 处带加劲肋横梁以及中跨跨中处非加劲肋横梁正应力计算结果如图 4-29 所示。

通过顶板横向正应力分布可以看出，在特—420 车辆荷载作用下，加劲肋下缘会出现很大的拉应力，最大可以达到 8MPa 左右。即使考虑横向预应力之后，还会存在超过 2MPa 的拉应力，可见重载车辆对于该样本桥梁会产生很大的影响，是导致加劲肋开裂的重要原因。

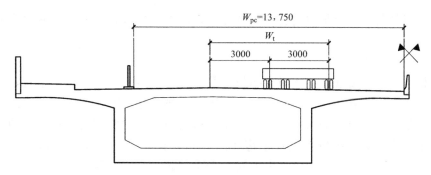

图 4-28 特—420 车辆布置示意图（单位：mm）

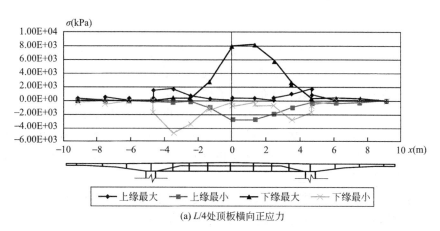

(a) $L/4$ 处顶板横向正应力

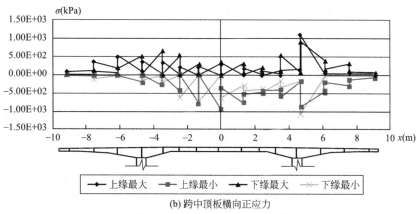

(b) 跨中顶板横向正应力

图 4-29 顶板横向正应力结果

4.2.5 分析总结

通过对案例桥梁 1 的空间网格模型分析可以看出，利用梁＋板组合划分方式，可以判断出腹板及加劲肋开裂的原因，应力超标位置与实际检测报告基本相符。

(1) 腹板斜裂缝

检测报告中发现，在边墩支撑位置及中跨 $L/4$ 附近，沿纵桥向来看，腹板斜裂缝主要分布在中墩两侧 7~38m 之间，新增裂缝也主要集中在此范围，属于后期加固的重点。通过空间网格模型分析发现，正常使用极限状态长期效应组合下，在边墩支撑位置以及中跨两侧 36m 范围内，主拉应力数值持续保持在 2MPa 左右；在竖向预应力失效时，会出现超过 2MPa 的主拉应力。可见分析结果与实际检测报告基本对应。对于该桥，主拉应力超限是导致腹板斜裂缝的主要原因。

(2) 加劲肋裂缝

实际调查发现几乎所有的加劲肋均出现了横向弯曲裂缝，下缘甚至连通出现 U 形裂缝。后期采用碳纤维布加固，由于施工质量等问题，导致碳纤维布牢固性不高，部分加劲肋下面的碳纤维布出现了拉裂现象。

通过成桥状态下顶板横向正应力结果可以看出，在成桥时刻在靠近腹板位置的加劲肋下缘会出现超过 2MPa 的拉应力，此拉应力的出现会导致顶板沿纵桥向的水平裂缝。腹板之间其他区域在横向预应力的作用下，基本处于受压状态，加劲肋横梁不会出现开裂问题。

进行特—420 车辆荷载验算可以发现，此时顶板加劲肋下缘会出现较大的弯曲拉应力，即使效应组合与横向预应力效果相叠加后，拉应力仍然会超过 2MPa，可以推断重载车辆是导致加劲肋横梁开裂的重要原因之一。

如果考虑梯度温度对横向框架变形造成的影响，加劲肋位置的横向弯曲受力会进一步加剧，此位置应该作为以后加固和定期检测的重点。

(3) 顶板剪力滞效应

在传统的分析当中，往往将剪力滞效应现象界定为正剪力滞效应和负剪力滞效应，在结构自重或者是端部集中荷载作用下，超过集中力扩散传递范围的截面会表现出传统的正、负剪力滞效应。在实际桥梁结构当中，沿横桥向预应力的布置程度是不相同的，往往是采用靠近腹板布置的方式，同时在翼缘板范围内还会存在分散布置的情况。因此，此时顶板正应力就会出现上拱形或波纹形的分布特点，不能简单地归纳为有效分布宽度的问题，需要进行精细化的结构分析。以悬臂状态 $L/8$ 位置顶板为例，结构自重作用下，属于负剪力滞效应区段，但在施加预应力后，出现上拱形分布特点，并且此时翼缘板中心位置的剪力滞系数要超过负剪力滞情况下的剪力滞系数。采用规范规定的有效分布宽度时，可能无法完全包络住此时翼缘板中心位置的应力最值。

4.3 案例桥梁2开裂分析

4.3.1 工程概况

案例桥梁2虎门大桥辅航道桥于1997年6月竣工，桥梁全长570m，跨径布置为（150+270+150）m，是一座三跨变截面预应力混凝土连续刚构桥，立面布置如图4-30所示。箱梁截面采用单箱单室箱梁截面，根部梁高14.8m，跨中合龙段及边跨现浇段梁高为5m，梁底线形为二次抛物线与直线段相结合的形式，截面尺寸如图4-31，节段施工划分如表4-3。全桥仅在墩顶位置箱内设置4道横隔板，主梁0号块长度为12m，悬臂施工节段长度分为3m、4m和5m三种，边跨现浇梁段16m，中跨合龙段2m。

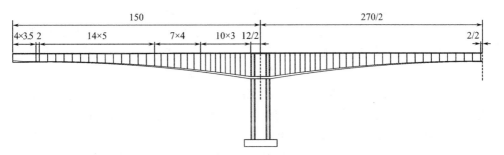

图4-30 样本桥梁2半跨示意图（单位：m）

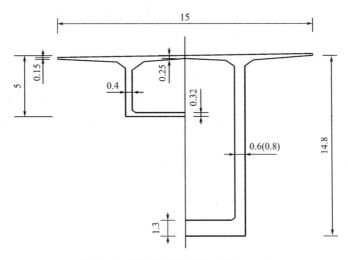

图4-31 箱梁截面示意图（单位：m）

节段划分 表 4-3

节段长度(m)	4×3.5	2	14×5													
节段编号	33	32	31	30	29	28	27	26	25	24	23	22	21	20	19	18
底板厚度(cm)	32		32～130													
腹板厚度(cm)	60		40									60				
节段长度(m)	7×4						10×3									12/2
节段编号	17	16	15	14	13	12	11	10	9	8	7	6	5	4	3	2	1	0
底板厚度(cm)	32～130															130
腹板厚度(cm)	60															80

设计阶段采用的是旧的桥梁规范《公路钢筋混凝土及预应力混凝土桥涵设计规范》JTJ 023—85，材料以及活载设计荷载采用的均是旧规范。主梁采用 C55 混凝土，相当于《公路钢筋混凝土及预应力混凝土桥涵设计规范》JTG D62—2004 的 C53 混凝土，桥面铺装采用 4cm 沥青混凝土和 4cm 水泥混凝土。

活载设计荷载为汽车—超 20 级，验算荷载为挂车—120。结构分析时荷载组合依据《公路桥涵设计通用规范》JTJ 021—89 规定计算标准组合Ⅱ，采用汽车+自重+预应力+基础变位+收缩徐变+整体温度+梯度温度的组合形式进行。

箱梁采用三向预应力体系，为了施工的方便并保证腹板的施工质量，尽量简化了钢束线形，取消了下弯束和弯起束，仅在边跨梁端位置采用弯起束，其余均为平行钢束。纵向预应力钢束规格共有两种：VSL6-22 和 VSL6-12。底板束全部采用 VSL6-12 规格；顶板束多数采用 VSL6-22 规格，部分采用 VSL6-12 的规格。底板束分为边跨底板束和中跨底板束两种，边跨底板束仅在边墩支撑附近弯起，靠近中墩位置采用齿块锚固；中跨底板束均采用齿块锚固形式。顶板束均锚固在各自节段端部。其中，纵向预应力为 22ϕ^s15.24 及 12ϕ^s15.24 钢绞线（f_{pk}＝1860MPa），张拉控制应力 σ_{con}＝0.75f_{pk}＝1395MPa；横向预应力采用 3ϕ^s15.24 钢绞线（f_{pk}＝1860MPa），张拉控制应力 σ_{con}＝1395MPa，布置在顶板内，纵向间距为 1m。竖向预应力采用 ϕ32 的精轧螺纹钢筋，单根张拉控制力为 540kN，纵向间距为 0.5m，40cm 厚度腹板内布置 1 排钢束，60cm 及 80cm 厚度腹板内布置 2 排。

纵向预应力钢束形式布置如图 4-32 所示。

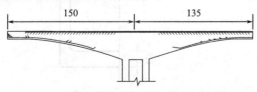

图 4-32 纵向预应力钢束布置示意图（单位：m）

腹板竖向预应力采用φ32 的精轧螺纹钢筋，在有限元模型中，节段范围内的竖向预应力钢束，集中施加到竖向横梁单元当中。

4.3.2 桥梁病害情况

2003 年在对该桥检测时，发现箱梁腹板及底板出现了开裂现象，主要表现为：

(1) 两边跨及中跨 $L/4$ 附近箱梁腹板存在少量斜裂缝。

(2) 中跨跨中附近箱梁腹板竖向开裂，底板横向开裂，且部分腹板竖向裂缝与底板横向裂缝连通形成 U 形裂缝。

另外，另一重要病害问题是桥梁的跨中下挠问题，截至 2000 年 11 月，实测右幅（上游）中跨跨中挠度为 14.6cm，左幅（下游）中跨跨中挠度为 13.7cm，首次超过了设计预留徐变挠度。

后续对该桥进行了全面检测，主要结论有：

(1) 箱梁纵向线形较初始值明显下挠，且超过设计值。

(2) 双幅桥中跨跨中接缝均有开裂。

(3) 箱梁开裂主要表现为三个方面：一是中跨跨中底板横向开裂和腹板竖向开裂，为弯曲受力裂缝；二是四分点区域和靠近 0 号块附近的腹板斜向裂缝，为主拉应力裂缝；三是靠近 0 号块附近的箱梁节段中部的腹板横向收缩裂缝。

2006 年采取了体外预应力与碳纤维布相结合的加固措施，在加固之前实测挠度为：右幅桥 27.8cm，左幅桥 31.5cm。

最近的裂缝调查如表 4-4 所示。

裂缝调查汇总　　　　　　　　　　表 4-4

项目		箱内				箱外		合计
		顶板	腹板	横隔板	齿块	腹板	翼缘板	
裂缝数量		452	321	40	116	105	15	1049
裂缝总长度(m)		639.59	411.43	71.5	22.84	181.27	25.4	1352.03
宽度(mm)	<0.15	387	274	15	112	88	11	887
	0.15~0.25	45	36	15	4	11	2	113
	>0.25	20	11	10	0	6	2	49
裂缝纵向	竖向	5	1	23	13	5	0	47
	横向	440	219	3	23	76	13	774
	斜向	7	101	14	80	24	2	228

通过表 4-4 可以看出，顶板主要病害为纵桥向开裂病害，腹板斜裂缝约占腹板裂缝的 1/3，其余为纵向水平裂缝，80% 的裂缝宽度小于 0.15mm。

加固之前，中跨跨中实测挠度 W 随时间的变化规律如图 4-33 所示。

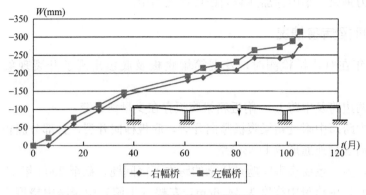

图 4-33　跨中挠度变化规律

从跨中挠度的发展趋势来看，建成近 10 年时，挠度依旧持续增长，并且加固之前最后一段时间挠度出现加快增长的趋势。

4.3.3　模型概况及工况模拟

1) 模型介绍

针对案例桥梁 2 利用空间网格法建立模型，截面采用完全板式划分，全桥共有 5020 个节点和 10,004 个单元，结构左半跨模型图如图 4-34 所示。

针对本桥，空间网格模型划分具有自己的特点，首先该桥纵向预应力中，基本为平行钢束，仅在边跨端部存在弯起束，所以为采用更加精细化的完全板式划分方式的空间网格模型提供了基础。因此该桥在腹板划分时，大部分位置采用完全板式划分方式，仅在边跨端部 14m 范围内，采用梁＋板组合式划分方式。

由于本桥梁高是依据二次抛物线形式变化的，在沿高度方向划分时，腹板离散高度采用接近的划分尺寸，腹板纵梁单元将在一定位置被底板单元不断截断，由此导致随腹板高度的变化，高度方向离散的单元数目不同。在根部腹板离散数目最多，为 9 层；合龙段腹板离散数目最少，为 3 层。具体的每层腹板范围及离散情况，如图 4-34（c）腹板纵向划分示意图所示。边跨 14m 范围内，腹板离散为一根梁。

横隔梁在模型计算时只计入结构，重量按均布荷载计入。全桥仅在每个中墩墩顶位置存在 4 道 0.5m 厚的横隔板。边跨支座采用节点约束进行模拟，节点按计算工况（施工过程或成桥状态）进行约束，主墩与主梁固结在一起。边跨支座成桥约束布置如图 4-35 所示。桥梁整体坐标系的选取为：原点设在一侧端横梁的中点，方向规定根据右手规则，x 方向沿桥梁纵向，y 方向为竖直向上，z 方向沿桥梁横向。

第 4 章 预应力混凝土箱梁桥开裂分析

(a) 桥梁半跨结构示意图

(b) 节段示意图

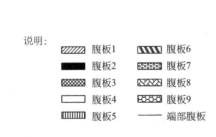

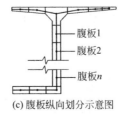

(c) 腹板纵向划分示意图

图 4-34 案例桥梁 2 空间网格模型

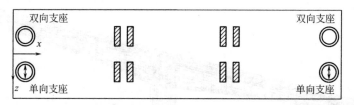

图 4-35　成桥约束示意图

对于箱梁断面的划分和节点情况，不同位置腹板划分程度不同，如图 4-36 所示（虚线表示截面单元的分割线），纵桥向划分如图 4-34（c）所示。顶板沿横桥向共分为 12 根纵梁，直腹板沿高度方向离散为 3~9 层单元，底板划分为 6 根纵梁单元。

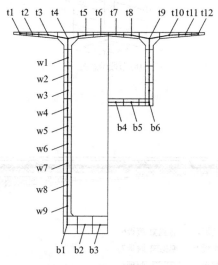

图 4-36　截面划分方式

划分离散后的单元均为板单元，可以得出板单元上、下缘的正应力及单元的面内主应力。端部局部位置采用梁＋板组合式划分区域，腹板依然给出上、中及下三点主应力。

2）悬臂施工工况模拟

主桥施工方法采用悬臂对称浇筑方法，中跨与边跨各分 31 个节段。详细施工顺序如表 4-5 所示。

施工工况模拟　　　　　　　　表 4-5

阶段编号	施工说明	施工周期(d)
1	浇筑主墩	60
2	浇筑 0 号梁段,张拉相应阶段预应力	14

续表

阶段编号	施工说明	施工周期(d)
3~33	对称浇筑1号~31号梁段,张拉相应阶段预应力	31×14
34	边跨支架现浇,张拉相应阶段预应力	30
35	边跨合龙,拆除边跨支架	10
36	主跨跨中合龙,张拉相应阶段预应力	10
37	桥面二期铺装	30
38	徐变1个月	30
39	徐变3个月	60
40	徐变半年	90
41	徐变1年	180
42	徐变3年	720
43	徐变5年	720
44	徐变7年	720
45	徐变9年	720

为了查看徐变引起的挠度变形,后期徐变选择以2年为一个计算周期。徐变计算模式采用《公路钢筋混凝土及预应力混凝土桥涵设计规范》JTJ 023—85的徐变计算方法,加载龄期为5d。

工况模拟至加固进行之前,未考虑预应力发生超出设计预期的过大损失的问题,即三向预应力按照规范规定计算有效预应力。

3) 计算工况说明

除了悬臂施工模拟以外,还包括以下的分析工况。

(1) 温度作用:整体升降温,考虑±20℃的温度效应;梯度温度,依据《公路钢筋混凝土及预应力混凝土桥涵设计规范》JTG D62—2004规定,考虑4cm沥青混凝土铺装层温度效应,梯度降温按照梯度升温的—0.5倍取值。

(2) 基础沉降:不均匀沉降按照5cm取值,分别考虑单墩、双墩及隔墩等不同情况组合。

(3) 活载效应:设计荷载采用汽车—超20级,挂车—120荷载等级,不考虑人群荷载。

(4) 效应组合:在上述工况的计算基础上,荷载组合采用汽车+自重+预应力+基础变位+收缩徐变+整体温度+梯度温度的组合形式进行。

4.3.4 计算结果

针对案例桥梁 2 的实际破坏情况,需要重点关注几个特征位置的指标应力,包括腹板斜裂缝对应的主拉应力、跨中位置截面下缘拉应力等,还需要关注荷载作用下的结构位移情况。在开裂分析时,认为拉应力超过 2MPa 时混凝土会出现开裂,以此作为开裂标准。纵桥向应力结果所关注的主要应力指标及其所处位置如图 4-37 所示。

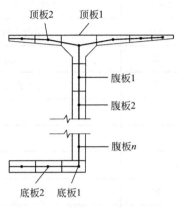

图 4-37 关注应力指标位置

其中,顶板 1 及底板 1 位置对应于一维正应力指标,腹板 1~腹板 n ($3 \leqslant n \leqslant 9$) 对应于腹板二维主应力指标,顶板 2 及底板 2 对应于顶板、底板面内主应力。还将关注顶板横向正应力情况。

1) 成桥结构受力结果

应力结果中,拉应力为正,压应力为负,应力单位为"kPa",因为结构是对称的,仅给出了半跨桥梁的应力结果。

结果图形中,横坐标表示桥梁纵桥向位置,以左侧梁端部为零点,中墩坐标为 170m,跨中位置坐标为 285m。

(1) 特征位置一维正应力

从两个特征位置一维正应力分布图(图 4-38 和图 4-39)可以看出,成桥状态时,全桥基本处于受压状态,顶板压应力水平维持在 8~14MPa 之间;底板压应力水平较高,在中墩附近压应力最高值为 18.8MPa。

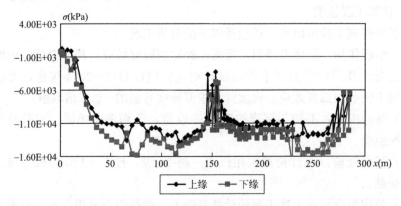

图 4-38 顶板 1 位置正应力

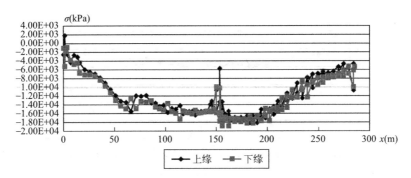

图 4-39 底板 1 位置正应力

（2）腹板主应力

成桥时，腹板主应力分布如图 4-40 和图 4-41 所示。

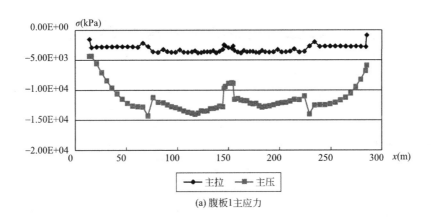

(a) 腹板1主应力

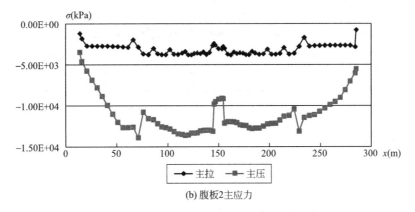

(b) 腹板2主应力

图 4-40 腹板 1～腹板 9 主应力分布（一）

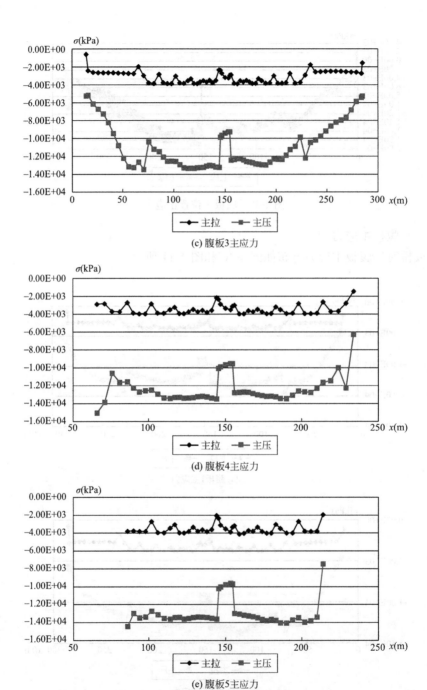

图 4-40 腹板 1～腹板 9 主应力分布（二）

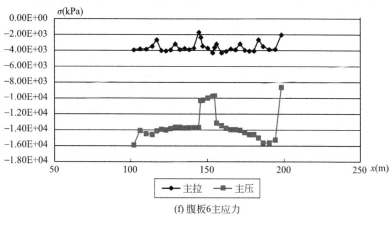

(f) 腹板6主应力

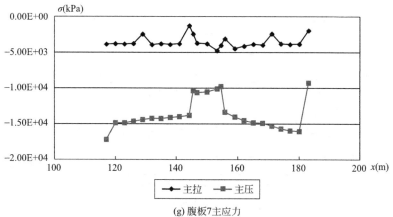

(g) 腹板7主应力

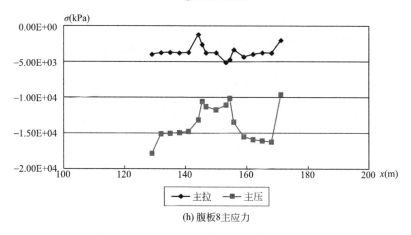

(h) 腹板8主应力

图 4-40 腹板 1～腹板 9 主应力分布（三）

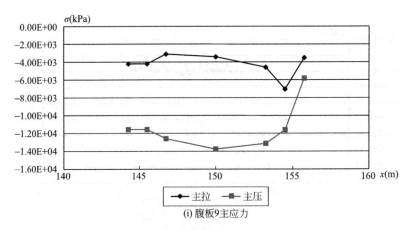

(i) 腹板9主应力

图 4-40　腹板 1～腹板 9 主应力分布（四）

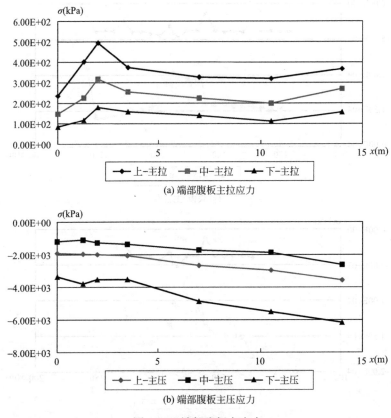

(a) 端部腹板主拉应力

(b) 端部腹板主压应力

图 4-41　端部腹板主应力

从腹板主应力计算结果可以看出，成桥状态时，除端部腹板外，全桥腹板均不出现主拉应力，主压应力水平集中在 8～16MPa 之间，可以认为成桥状态时，该样本桥梁腹板是处于比较良好的受力和工作状态的。

(3) 顶板、底板二维面内主应力

成桥时，顶板、底板二维面内主应力分布如图 4-42 和图 4-43 所示。

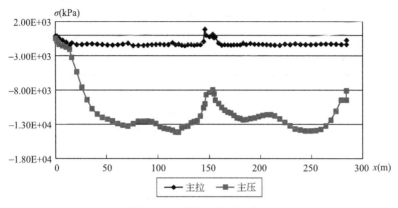

图 4-42　顶板 2 位置主应力

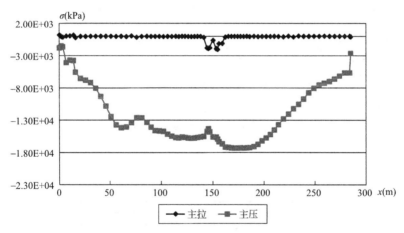

图 4-43　底板 2 位置主应力

从两个特征位置二维面内主应力结果可以看出，成桥状态时，顶板主拉应力较小，底板基本不出现主拉应力，主压应力水平集中在 8~16MPa 之间。

(4) 顶板横向正应力

考虑在结构自重＋二期恒载＋预应力＋收缩徐变效应综合作用下，并考虑施工过程影响，选取中跨 $L/4$、$L/3$ 及中跨跨中（即 $L/2$）三个特征位置作为研究对象，成桥状态下此三个位置，以距桥梁跨中距离为横坐标，顶板横向正应力计算结果如图 4-44~图 4-46 所示。

应力结果中拉应力为正，压应力为负，应力单位为"kPa"。

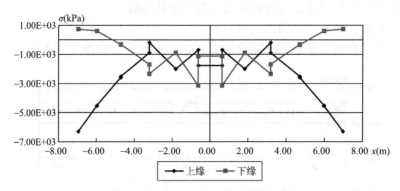

图 4-44 中跨 $L/4$ 位置横向正应力

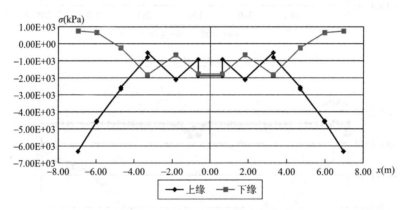

图 4-45 中跨 $L/3$ 位置横向正应力

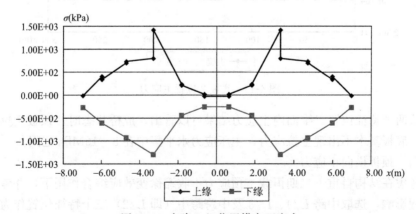

图 4-46 中跨 $L/2$ 位置横向正应力

当仅考虑恒载作用（结构自重＋二期恒载），不考虑预应力效应及收缩徐变效应时，选取中跨 $L/4$、$L/3$ 及中跨跨中（即 $L/2$）三个特征位置作为研究对象,成桥状态下此三个特征位置,顶板横向正应力计算结果如图 4-47～图 4-49 所示。

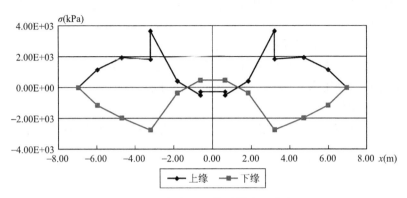

图 4-47 中跨 $L/4$ 位置横向正应力

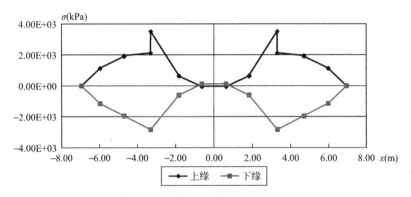

图 4-48 中跨 $L/3$ 位置横向正应力

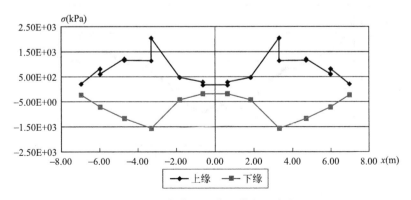

图 4-49 中跨 $L/2$ 位置横向正应力

从三个特征位置的顶板横向正应力结果可以看出，在强大的横向预应力作用下，顶板主要是承受压应力作用，拉应力也可以得到控制，能够控制在 2MPa 以内。在恒载（结构自重+二期恒载）作用下，基本以上缘受拉、下缘受压为主。对于该案例桥，翼缘板悬臂长度每侧为 4m，在自重作用下，横向弯曲会产生顶板上挠的趋势，导致上缘受拉，下缘受压。

成桥状态下，该桥顶板横桥向处于良好的状态。当横向预应力效应能够得到保证时，顶板以受压为主，不会出现横向弯曲开裂。

2) 位移情况

对于该案例桥梁，跨中下挠是最主要的病害之一。成桥以后的经常性检测也将跨中挠度作为重点检测项目之一。

考虑施工过程模拟的影响，以左侧梁端部为零点，横坐标为桥梁纵桥向位置。成桥时，结构累积位移如图 4-50 所示。

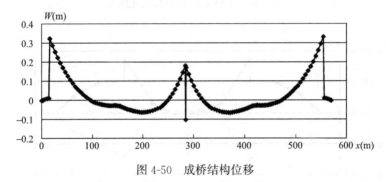

图 4-50 成桥结构位移

考虑施工过程模拟的影响，并考虑混凝土收缩徐变效应，成桥 9 年后，结构累积位移如图 4-51 所示。

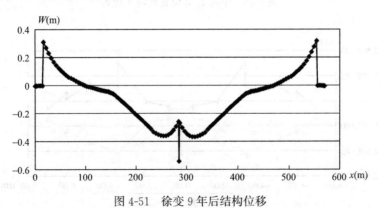

图 4-51 徐变 9 年后结构位移

成桥后，考虑 9 年的徐变效应后，结构的净位移：$W_{净位移} = W_{徐变9年} - W_{成桥}$，即徐变 9 年引起的挠度，如图 4-52 所示。

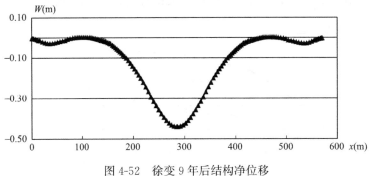

图 4-52 徐变 9 年后结构净位移

成桥以后，考虑混凝土的收缩徐变效应，至加固施工之前。中跨跨中位置挠度随时间的变化如图 4-53 所示。

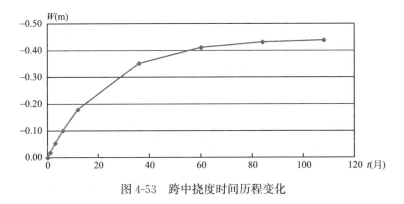

图 4-53 跨中挠度时间历程变化

挠度的月平均增长速率随时间的变化如图 4-54 所示。

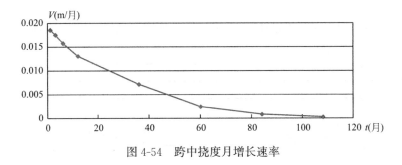

图 4-54 跨中挠度月增长速率

从跨中挠度随时间的变化历程可以看出，成桥以后跨中挠度会随着时间的推移不断增大，9 年后的跨中挠度最终增长至 43.9cm 左右。就平均增速而言，随着时间的推移，前期挠度增长较快，成桥后 3 年的徐变挠度即可达到成桥后 9 年挠度结果的 80%，挠度增速前期较大，后期增速缓慢。

空间网格模型计算结果与实际位移结果相对比如图 4-55 所示。

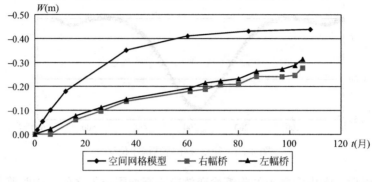

图 4-55　跨中挠度对比

挠度的月平均增长速率随时间变化的对比，如图 4-56 所示。

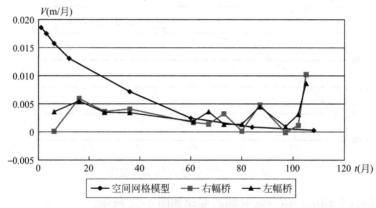

图 4-56　跨中挠度月增长速率

利用二次抛物线拟合实测挠度月平均增长速度，结果如图 4-57 所示。

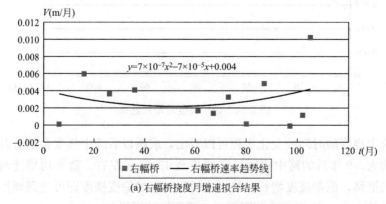

(a) 右幅桥挠度月增速拟合结果

图 4-57　挠度月平均增长速度拟合结果（一）

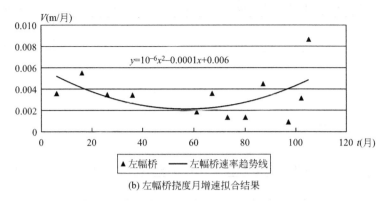

(b) 左幅桥挠度月增速拟合结果

图 4-57 挠度月平均增长速度拟合结果（二）

从跨中挠度对比结果及月平均增长速率对比结果可以看出，实测挠度随着时间的增长持续增加，成桥 3 年后徐变引起的挠度是成桥 9 年后徐变挠度的 80%。最初挠度的增长要小于理论计算结果，最终 9 年时的挠度数值也小于理论计算结果。虽然挠度数值未超过理论计算值，但是挠度的月平均增长速率需要引起重视，由二次抛物线拟合结果来看，实测挠度的月平均增长速率表现出的规律为：成桥至成桥后 5 年左右，增速不断放缓，接近 5 年时，增速与理论计算增速相当；成桥 5 年以后，挠度重新加速增长。加固施工之前，增速达到最大。实测结果表明，该桥跨中挠度出现了持续增长和加速增长的趋势。就徐变的挠度增长规律而言，显然是不合理的，因此实测的结果必然包含了除挠度以外的因素的影响。其他因素是多方面的，包括开裂后刚度削弱的影响、测量时环境温度变化的影响等。

3）腹板受力情况

在经典的初等梁理论里面，一个很重要的假定就是平截面假定。此理论有一定的适用范围，一般适用于高跨比较小的窄梁结构。对于大跨径预应力混凝土桥梁，随着施工阶段的不同，实际的结构受力跨径是不断变化的，即使成桥状态下能满足平截面假定，施工过程中也可能会不满足。为了表明随着施工的继续，腹板的实际受力情况，选取以下 2 个特征位置的截面，分别为中跨距离中墩 15m（$L/18$ 附近）位置以及距离中墩 64m（$L/4$ 附近）位置，L 为中跨跨径。查看悬臂施工过程中和成桥阶段腹板的应力分布规律，并以此验证是否满足平截面假定。

(1) 施工至各自节段悬臂施工结束时，应力沿梁高的分布

施工至各自节段悬臂施工结束时，应力沿梁高的分布如图 4-58 所示。

(2) 施工至最大悬臂状态时，应力沿梁高的分布

施工至最大悬臂状态时，应力沿梁高的分布如图 4-59 所示。

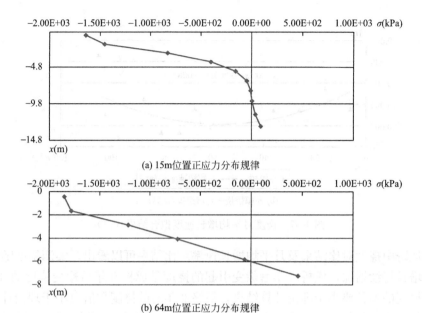

(a) 15m位置正应力分布规律

(b) 64m位置正应力分布规律

图 4-58　短悬臂状态时腹板应力分布

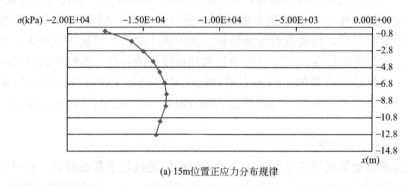

(a) 15m位置正应力分布规律

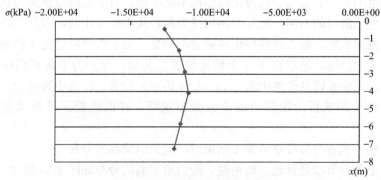

(b) 64m位置正应力分布规律

图 4-59　最大悬臂状态时腹板应力分布

(3) 成桥阶段时，应力沿梁高的分布

成桥阶段时，应力沿梁高的分布如图 4-60 所示。

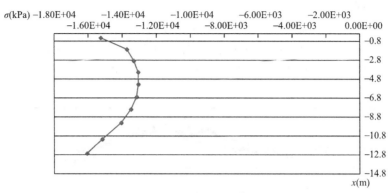

(a) 15m 位置正应力分布规律

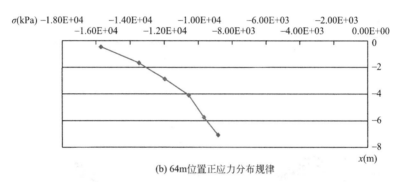

(b) 64m 位置正应力分布规律

图 4-60　成桥状态时腹板应力分布

从两个特征位置应力分布结果可以看出，距离中墩 15m（$L/8$）位置处截面沿梁高方向的正应力分布，不管是在施工过程中，还是在成桥阶段，均不满足平截面假定；距离中墩 64m（$L/4$）位置处截面沿梁高方向的正应力分布，基本满足平截面假定的分布规律。上述规律与当前工程界把混凝土结构界定为 B 区和 D 区的概念相吻合。在墩顶位置，剪跨比较小的区域内，应力应变呈现明显的非线性分布规律，此范围内原有的基于梁式理论的设计、验算及配筋规范已经不适用，是开裂的主要区域之一。针对案例桥梁 2，此位置是腹板斜裂缝较为严重的区域之一。

4）活载分析

该桥采用汽车—超 20 级及挂车—120 作为设计活载。在车辆布载范围内，结合影响面分布规律进行加载，得出内力包络组合，然后依据不同内力包络组合，得出应力包络的结果。

应力关注位置如图 4-37 所示，重点关注活载作用下腹板主应力以及顶板横向正应力分布情况。应力结果中,拉为正、压为负,单位为"kPa",因为结构是对称结构,仅给出了半跨桥梁的应力结果,其中横坐标表示桥梁纵桥向长度。

(1) 特征位置一维正应力

两个特征位置一维正应力包络结果如图 4-61 和图 4-62 所示,在单纯的活载作用下,顶板会在中墩附近 30m 的范围内出现 2MPa 左右的拉应力;底板会在边跨 $L/4$ 位置及中跨跨中一定范围内出现 2MPa 以上的拉应力。

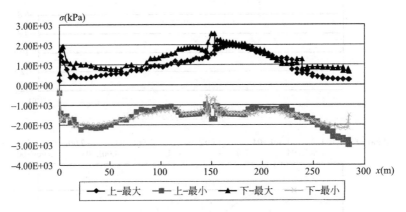

图 4-61 顶板 1 位置正应力

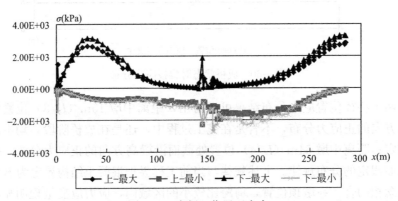

图 4-62 底板 1 位置正应力

(2) 腹板主应力

活载作用下,腹板主应力包络分布如图 4-63 和图 4-64 所示。

从上述腹板主应力分布规律可以看出,在单纯的活载作用下,在边跨边墩以及 $L/4$ 位置会出现超过 2MPa 的主拉应力;在中墩附近会存在 1～1.5MPa 的主拉应力。

(3) 顶板、底板二维面内主应力

成桥时,顶板、底板二维面内主应力分布如图 4-65 和图 4-66 所示。

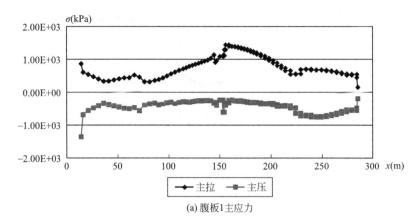

(a) 腹板1主应力

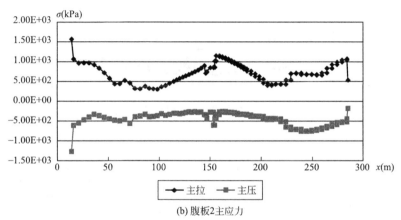

(b) 腹板2主应力

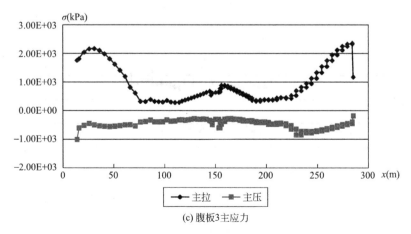

(c) 腹板3主应力

图 4-63　腹板 1～腹板 9 主应力分布（一）

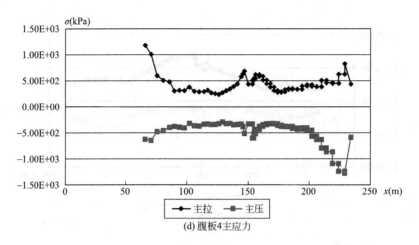

(d) 腹板4主应力

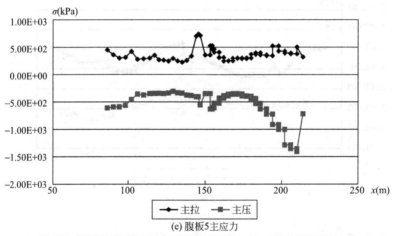

(e) 腹板5主应力

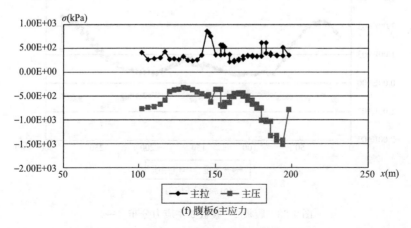

(f) 腹板6主应力

图 4-63　腹板 1～腹板 9 主应力分布（二）

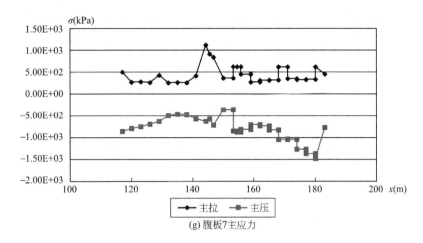

(g) 腹板7主应力

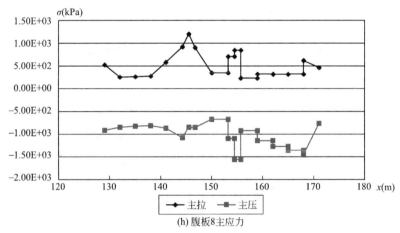

(h) 腹板8主应力

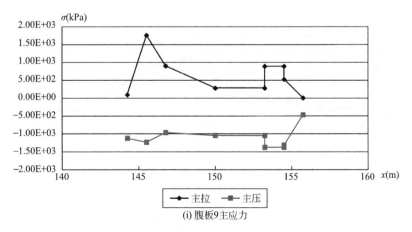

(i) 腹板9主应力

图 4-63　腹板 1～腹板 9 主应力分布（三）

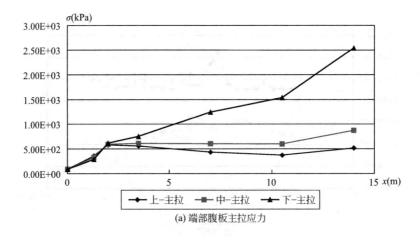

(a) 端部腹板主拉应力

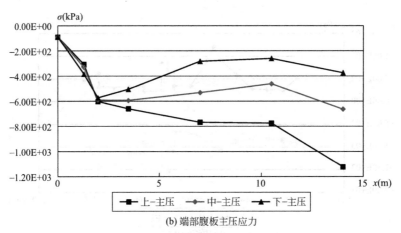

(b) 端部腹板主压应力

图 4-64 端部腹板主应力

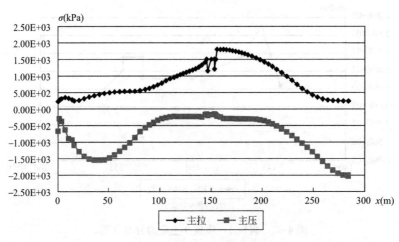

图 4-65 顶板 2 面内主应力

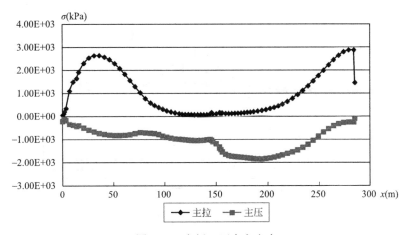

图 4-66 底板 2 面内主应力

从两个特征位置面内主应力包络结果可以看出，在单纯的活载作用下，顶板会在中墩附近出现接近 2MPa 的拉应力；底板会在边跨 $L/4$ 位置及中跨跨中一定范围内出现 2MPa 以上的拉应力。

(4) 顶板横向正应力

考虑在单纯的自重作用下，选取中跨 $L/4$、$L/3$ 及中跨跨中（即 $L/2$）三个特征位置作为研究对象，以距桥梁跨中距离为横坐标，顶板横向正应力计算结果如图 4-67～图 4-69 所示。

应力结果中拉应力为正，压应力为负，应力单位为"kPa"。

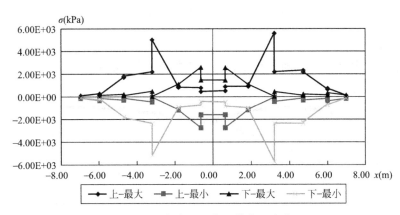

图 4-67 中跨 $L/4$ 位置横向正应力

从活载作用下顶板横桥向正应力包络结果可以看出，在单纯的活载作用下，顶板上、下缘会出现一定程度的拉应力，拉应力最大值为 5.6MPa 左右，出现在腹板与翼缘板交接上缘位置；对于两腹板之间的顶板下缘部分，也会出现 2MPa 左右的拉应力。

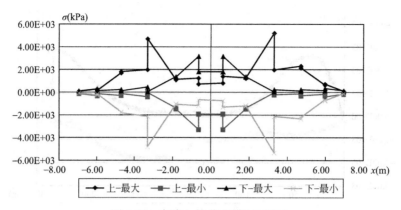

图 4-68 中跨 $L/3$ 位置横向正应力

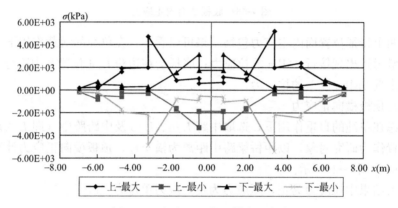

图 4-69 中跨 $L/2$ 位置横向正应力

（5）活载位移

在活载作用下，半跨桥的挠度包络结果如图 4-70 所示。

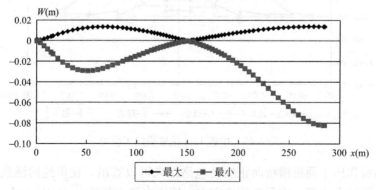

图 4-70 半跨桥活载位移包络

在单纯活载作用下，引起结构的弹性变形，中跨跨中最大下挠为 8.23cm，最大上拱为1.38cm，挠度变化幅度为9.61cm。

由现场交通量调查可以发现，该桥承载的重车荷载所占比例逐年提高。现场经常出现堵车现象，由于现有的活载等级是依据概率统计的方法得到的，而现实中的交通荷载可能会存在超出设计荷载的情况。当有持续的活载作用在桥梁结构上面时，会对结构的应力水平和应力历史产生影响。《苏通大桥辅航道连续刚构桥建造技术》研究表明，在苏通大桥辅航道的设计当中，如果考虑两车道的活载引起的徐变效应，最终跨中位置由活载引起的徐变挠度，要占到长期挠度的19.4%。

对于本桥，如果考虑活载引起的徐变挠度，对于跨中挠度的影响也应该可以达到某个可观的程度。跨中挠度会在原有徐变长期挠度的基础上，继续增大。对于解释跨中过大的下挠有一定的贡献作用。

5) 效应组合下应力结果

考虑所有计算工况，进行效应组合计算，组合项包括结构自重、收缩徐变效应、预应力效应、活载、基础沉降及温度效应等，荷载组合采用汽车+自重+预应力+基础变位+收缩徐变+整体温度+梯度温度的组合形式进行。应力关注位置如图4-37所示，应力结果中，拉应力为正，压应力为负，单位为"kPa"，因为结构是对称结构，仅给出了半跨桥梁的应力结果，其中横坐标表示桥梁纵桥向坐标位置。

(1) 特征位置一维正应力组合

从顶板、底板组合正应力结果（图4-71和图4-72）来看，在各种工况组合条件下，顶板、底板大部分位置不会出现拉应力，仅在边墩及中墩支撑位置以及跨中合龙位置下缘会出现拉应力。其中跨中合龙位置下缘的拉应力数值为2.6MPa左右。拉应力主要来源包括活载效应、梯度升温以及整体降温三种工况。在考虑9年的收缩徐变效应以后，由于预应力的长期损失和徐变对应力重分布的影响，跨中位置预压应力降低至3MPa左右，叠加其他工况拉应力以后，会在跨中位置出现拉应力，此位置拉应力的出现是导致跨中位置底缘及腹板竖向开裂的重要原因。该分析结果与实际病害情况相符。

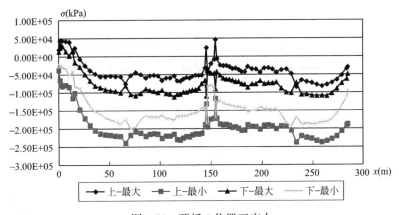

图 4-71 顶板 1 位置正应力

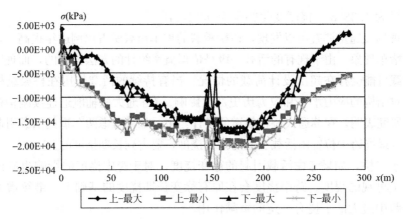

图 4-72　底板 1 位置正应力

（2）腹板主应力组合

腹板主应力组合结果如图 4-73 和图 4-74 所示。

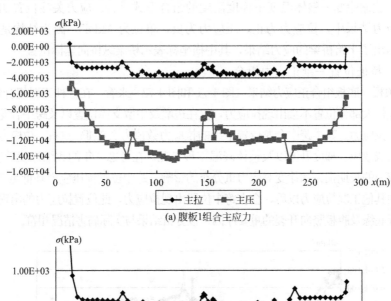

(a) 腹板1组合主应力

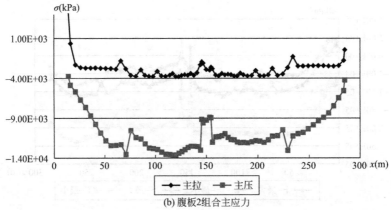

(b) 腹板2组合主应力

图 4-73　腹板 1～腹板 9 组合主应力（一）

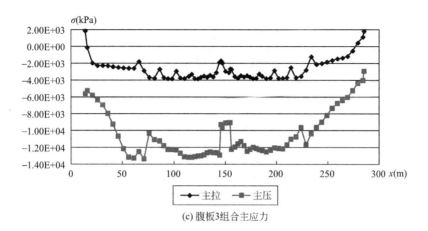

(c) 腹板3组合主应力

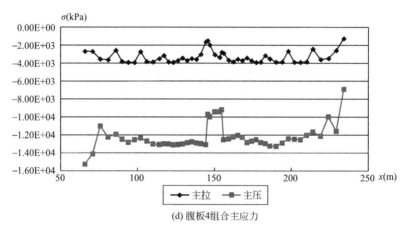

(d) 腹板4组合主应力

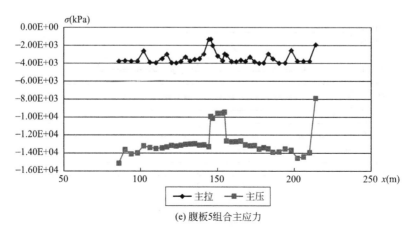

(e) 腹板5组合主应力

图 4-73　腹板 1～腹板 9 组合主应力（二）

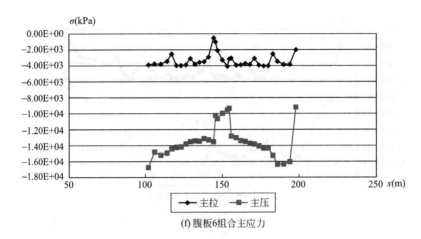

(f) 腹板6组合主应力

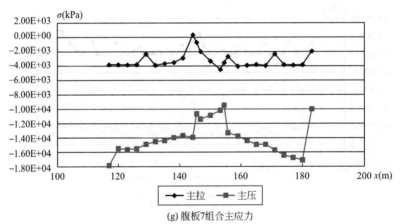

(g) 腹板7组合主应力

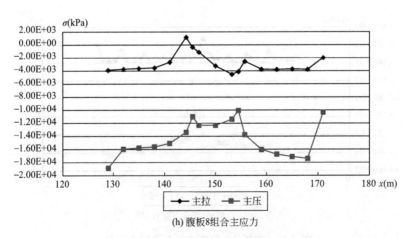

(h) 腹板8组合主应力

图 4-73　腹板 1～腹板 9 组合主应力（三）

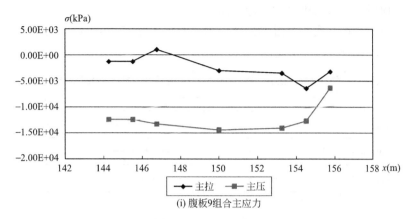

(i) 腹板9组合主应力

图 4-73　腹板 1~腹板 9 组合主应力（四）

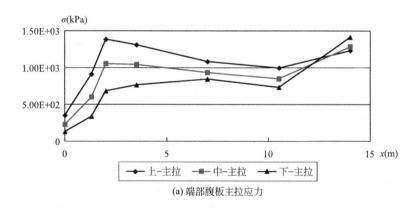

(a) 端部腹板主拉应力

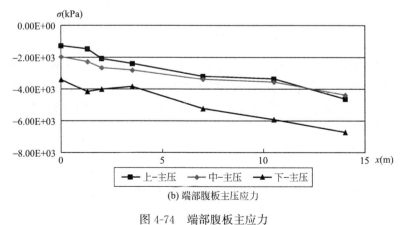

(b) 端部腹板主压应力

图 4-74　端部腹板主应力

从上述腹板组合主应力结果来看，腹板大部分区域基本处于受压状态，主拉应力仅在个别位置出现，满足强度标准的要求，不会出现腹板斜裂缝。

(3) 顶板、底板二维面内主应力组合

成桥时，顶板、底板二维面内主应力分布如图 4-75 和图 4-76 所示。

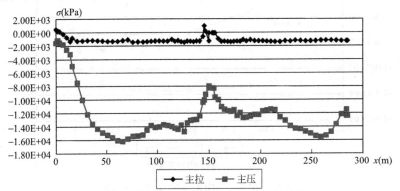

图 4-75　顶板 2 位置面内主应力

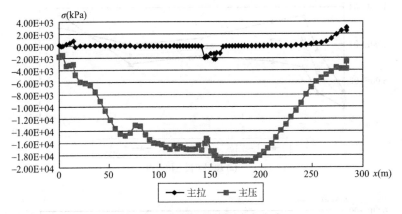

图 4-76　底板 2 位置面内主应力

从顶板、底板组合主应力结果来看，顶板主拉应力几乎不出现，基本以受压为主；底板会在跨中合龙位置附近出现超过 2MPa 的主拉应力，此位置剪应力较小，主拉应力的方向将与拉应力的方向较为接近，导致底板的开裂。该分析结果与实际病害情况一致。

(4) 顶板横向正应力组合

选取中跨 $L/4$、$L/3$ 及中跨跨中（即 $L/2$）三个特征位置作为研究对象，以距桥梁跨中距离为横坐标，顶板横向正应力计算结果如图 4-77～图 4-79 所示，应力结果中拉应力为正，压应力为负，应力单位为"kPa"。

从上述顶板横向正应力组合结果可以看出，在效应组合下，顶板横向局部位置会出现较大的拉应力，在两腹板之间的翼缘板中心位置会出现超过 2MPa 的拉应力，将导致顶板纵桥向水平裂缝。

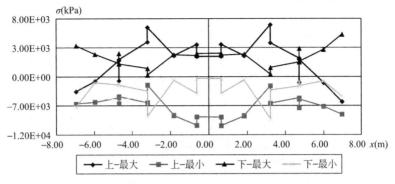

图 4-77 中跨 $L/4$ 位置横向组合正应力

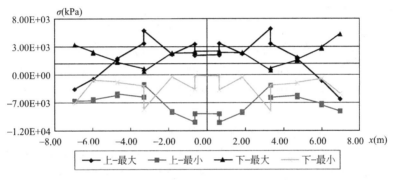

图 4-78 中跨 $L/3$ 位置横向组合正应力

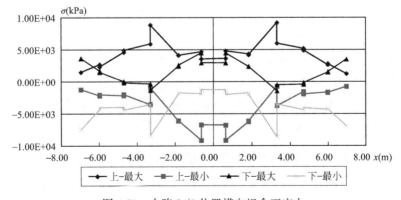

图 4-79 中跨 $L/2$ 位置横向组合正应力

4.3.5 分析总结

上述计算结果均是在预应力完全有效，施工及张拉控制应力得到保证，长期损失值在设计损失范围内的情况下得到的。通过对结构的精细化分析可以得出以下结论。

(1) 跨中纵向弯曲拉应力超标导致跨中开裂

由特征位置的一维正应力计算结果可以看出，在成桥时，全桥均保持较大的预压应力。当考虑9年的徐变效应以后，跨中位置预压应力会降低2~3MPa，与活载效应、梯度温度等工况相组合，会在跨中位置下缘引起2~3MPa拉应力。结合特征位置的二维主应力计算结果情况可以看出，跨中位置附近剪应力较小，主应力方向将与正应力方向接近，沿纵桥向方向，会导致中跨位置底板出现开裂病害。分析结果与实际病害情况吻合。

(2) 重载交通及梯度温度是导致顶板纵向开裂的主要原因

由顶板横向正应力组合结果可以看出，成桥状态下，该案例桥梁顶板横桥向处于良好的状态。当横向预应力效应能够得到保证时，顶板以受压为主，不会出现横向弯曲开裂。考虑效应组合时，在翼缘板中心位置下缘会出现超过2MPa的拉应力，将导致纵桥向水平裂缝，与实际病害吻合。其中组合正应力各部分中，活载导致的拉应力是最主要的组成部分。对于该桥，重载车辆是导致顶板水平开裂的主要原因之一；在叠加上梯度温度的影响后，开裂将会更加严重。

(3) 徐变是导致跨中过大挠度的主要原因

由该桥跨中挠度随时间历程的变化情况可以看出，从成桥状态至加固施工前，经历9年的时间，徐变会导致结构跨中产生43.9cm的下挠，要大于实际检测挠度（左幅桥31.47cm，右幅桥27.78cm）。虽然下挠计算数值要大于实际检测数值，不过还是可以看出，跨中下挠病害的产生主要是由混凝土的收缩徐变造成的。后续将结合开裂病害的模拟，对跨中挠度进行跟踪分析。

(4) 腹板应力梯度分布规律

墩顶腹板应力梯度分布规律对徐变引起的跨中挠度有影响，下缘压应力超过上缘压应力的应力分布规律会导致徐变引起跨中下挠。

墩顶附近腹板应力梯度，不管是在悬臂施工过程中，还是在成桥状态下，均不符合平截面假定，此范围属于通常所讲的D区范围。

4.3.6 腹板主应力对预应力损失的敏感性研究

出于研究的目的，假定竖向预应力全部失效及纵向预应力损失10%、20%和30%共四种工况，利用空间网格模型进行施工模拟与分析，分析腹板主应力情况。

1) 不计竖向预应力，成桥状态时，腹板主应力的增量

不计竖向预应力，成桥状态时，腹板主应力的增量如图4-80所示。

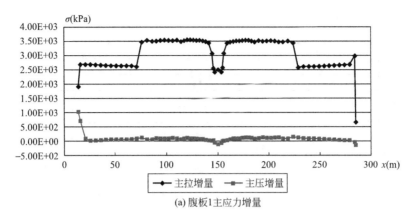

(a) 腹板1主应力增量

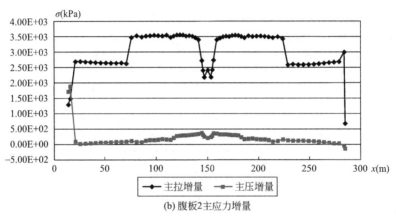

(b) 腹板2主应力增量

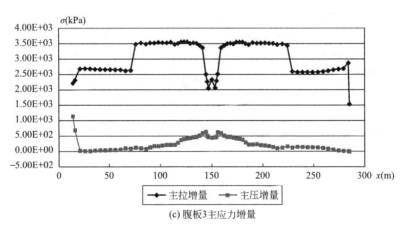

(c) 腹板3主应力增量

图 4-80　腹板 1～腹板 9 主应力增量（一）

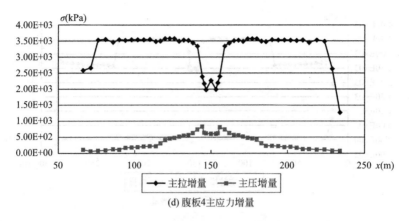
(d) 腹板4主应力增量

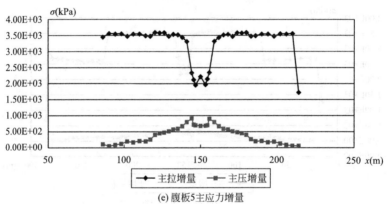
(e) 腹板5主应力增量

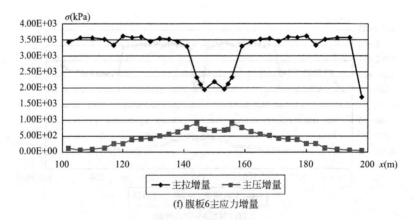
(f) 腹板6主应力增量

图4-80 腹板1～腹板9主应力增量（二）

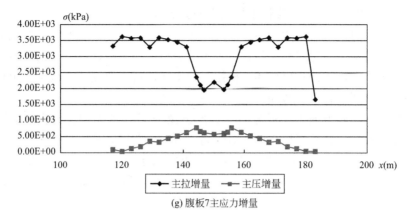

(g) 腹板7主应力增量

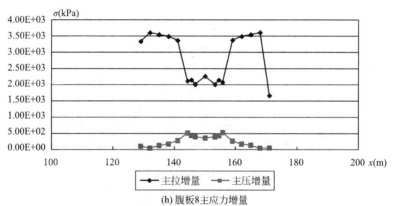

(h) 腹板8主应力增量

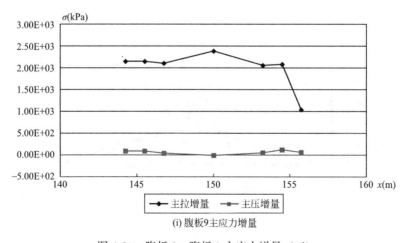

(i) 腹板9主应力增量

图 4-80　腹板 1～腹板 9 主应力增量（三）

端部14m范围内,腹板主应力增量较小,不再赘述。

2) 纵向预应力损失对腹板主拉应力的影响

引起预应力损失的因素是多方面的,包括混凝土收缩徐变效应以及钢束松弛等,上述损失均是与时间有关的,对于预应力长期损失的计算,目前已有较多的学者进行了研究,在此不再赘述。根据工程实际资料,顶板、底板平行束损失在15%～20%之间,腹板下弯损失更大,在25%左右。

模拟纵向预应力损失分别为10%、20%及30%,考虑预应力损失对腹板主应力的影响程度,分析腹板主应力对纵向预应力长期损失是否敏感。

将以上三种工况的结果进行比较,列出腹板主拉应力的增量结果。应力单位为"kPa",横坐标为桥纵向距离。主拉应力增量结果如图4-81和图4-82所示。

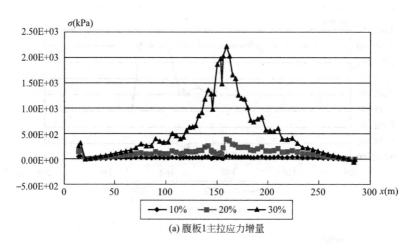

(a) 腹板1主拉应力增量

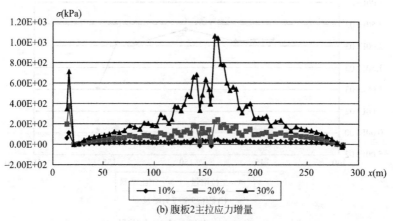

(b) 腹板2主拉应力增量

图4-81 腹板1～腹板9主拉应力增量（一）

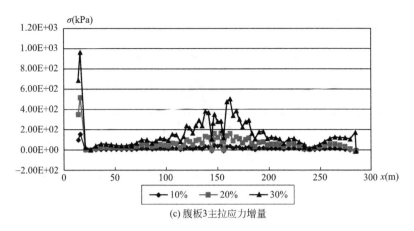
(c) 腹板3主拉应力增量

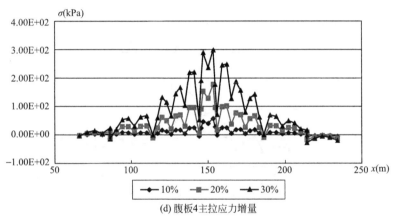
(d) 腹板4主拉应力增量

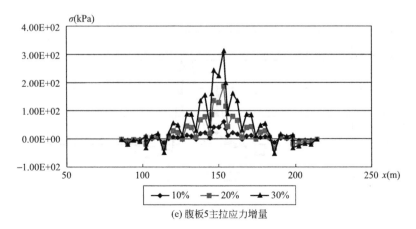
(e) 腹板5主拉应力增量

图 4-81　腹板 1～腹板 9 主拉应力增量（二）

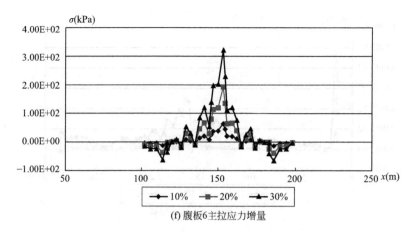

(f) 腹板6主拉应力增量

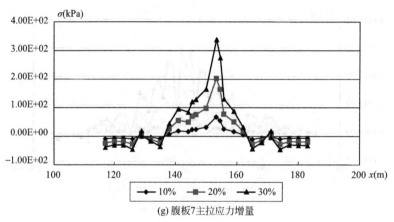

(g) 腹板7主拉应力增量

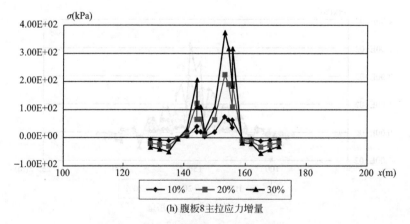

(h) 腹板8主拉应力增量

图 4-81　腹板 1～腹板 9 主拉应力增量（三）

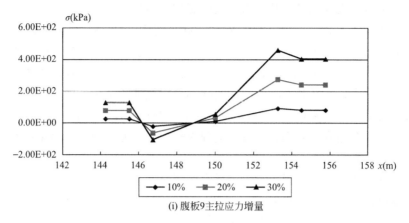

(i) 腹板9主拉应力增量

图 4-81　腹板 1~腹板 9 主拉应力增量（四）

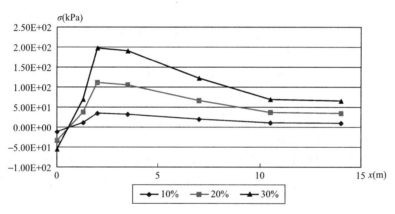

图 4-82　端部腹板中间位置主拉应力增量

3）腹板主应力敏感性总结

采用三向预应力体系的桥梁结构，其腹板主应力将由纵向预应力及竖向预应力共同控制。主应力计算采用式（4-1）。

$$\begin{matrix} \sigma_{tp} \\ \sigma_{cp} \end{matrix} = \frac{\sigma_x + \sigma_y}{2} \mp \sqrt{\left(\frac{\sigma_x - \sigma_y}{2}\right)^2 + \tau_{xy}^2} \qquad (4\text{-}1)$$

实际工程当中，预应力的实际工作性能，面临两个方面的问题：一个是竖向预应力钢束实际损失过大，导致腹板施加的预压应力 σ_y 不明显；另一个是对纵向预应力长期损失估计不足，导致最终的有效预应力损失超过设计预期，对腹板施加的预压应力 σ_x 不明显。通过计算分析，对比竖向预应力损失及纵向预应力损失共四种不同的工况，就主应力增量来分析结构对预应力损失的敏感程度，可以看出：

(1) 平行布束区域竖向预应力失效的影响更明显

竖向预应力失效的影响是全桥的。针对案例桥梁2，根据腹板宽度的不同，竖向预应力布置情况不同。在60cm及80cm腹板范围内，布置两排竖向预应力钢束；在40cm腹板范围内，布置一排竖向预应力钢束。竖向预应力失效时，导致主拉应力增大，并且其影响范围涉及除端部腹板外的全桥范围。对于竖向预应力两排布置的范围，主拉应力增量会达到3.5MPa左右；对于单排布置的范围，主拉应力增量会达到2.6MPa左右。端部腹板位置因为纵向弯起钢束的存在，竖向预应力损失影响较小。

(2) 纵向预应力长期损失的影响具有区域性

考虑纵向预应力长期损失10%、20%及30%三种工况，可以得出以下结论。

相比于理想设计状态，纵向预应力损失越大，主拉应力增量越大，并且纵向预应力长期损失的影响具有区域性。在靠近中墩附近，腹板上缘主拉应力增量结果要大于下缘主拉应力增量。案例桥梁2中墩附近全部为顶板束，底板无需配置纵向预应力束。靠近顶板位置预压应力完全由顶板预应力钢束提供，因此受到纵向预应力长期损失的影响更大。

端部位置腹板布置有纵向弯起钢束，此范围内的主拉应力受到纵向预应力长期损失的影响要比竖向预应力失效引起的损失要大。

由上述预应力损失敏感性分析可以看出，在仅配置纵向平行束的情况下，竖向预应力对腹板主拉应力起到明显的控制作用；在配置纵向弯起束位置，纵向预应力的长期损失对腹板主拉应力影响更为显著。因此在目前竖向预应力施工质量无法得到很好的保证的情况下，适当地布置腹板弯起钢束对控制腹板主拉应力具有较好的作用。

4.4 案例桥梁3开裂分析

4.4.1 工程概况

案例桥梁3为江东大桥的非通航孔，为三跨预应力混凝土变截面斜腹板连续梁，孔跨布置为(80+84+50)m，单箱单室截面，采用悬臂浇筑法施工，桥梁立面图如图4-83所示。主桥30号墩纵向共划分为11个悬臂浇筑节段，31号墩纵向共划分为10个悬臂浇筑节段，主梁施工除0号节段在墩旁支架上浇筑外，1～11号节段采用挂篮悬臂浇筑，0号节段长7m，合龙段长2.0m，悬臂浇筑梁段长分别为3.0m、3.5m和4.0m。箱梁桥面宽度18.45m，底宽8.75m，悬臂板宽度4.35m；箱梁跨中梁高3.5m，支点梁高5.0m；顶板厚0.3m，底板厚

0.33～0.7m，一般段腹板厚 0.4m，中支点 30 号墩附近腹板厚 0.9m，中支点 30 号墩附近腹板厚 0.95m；主墩设中横隔梁厚 2.0m，端横隔梁厚分别为 1.6m 和 1.2m。

主梁采用预应力混凝土结构，纵、横、竖三向预应力体系，塑料波纹管成孔，真空灌浆工艺。纵向预应力束包括顶板束、底板束、腹板束、合龙束及备用束五种，采用 15ϕ^s15.2、12ϕ^s15.2 及 9ϕ^s15.2 群锚锚具体系，横向预应力采用 BM3-ϕ^s15.2 扁锚体系，间距 0.5m，腹板竖向钢束为 ϕ32（JL785 级）粗钢筋，间距 0.5m。预应力束张拉顺序如下：先腹板束，再顶板束、底板束长束，最后为顶板束、底板短束，按横断面上对称张拉的原则进行，中横梁预应力在纵向张拉完后张拉，钢束布置图如图 4-84 所示。

4.4.2 检测结果

2015～2017 年连续三年对第 30～32 跨（80+84+50）m 的变截面预应力混凝土斜腹板连续梁进行了检测，且 2015 年对此桥做了病害的常规修复。以下对这三年的检测结果进行汇总。

4.4.2.1 2015 年检测结果

经检测，连续箱梁外部腹板存在较严重的斜裂缝，裂缝多为腹板底部宽，自下而上渐变窄，部分斜裂缝向底板延伸与底板裂缝连接。

左幅第 30 跨右侧腹板共计裂缝 51 条，总长约 88.18m，最大裂缝宽 0.8mm，0.2mm 及以上裂缝占总数的 37%；左幅第 30 跨左侧腹板共计裂缝 44 条，总长约 51.5m，最大裂缝宽度 0.4mm，0.2mm 及以上裂缝占总数的 34%；裂缝多分布在 29 号墩至跨中合龙段。

右幅第 30 跨左侧腹板共计裂缝 29 条，总长约 37.25m，最大裂缝宽 0.2mm，0.2mm 及以上裂缝占总数的 4%；右幅第 30 跨右侧腹板共计裂缝 17 条，总长约 28.8m，最大裂缝宽度 0.1mm。左右幅箱梁外部腹板裂缝分布图示如图 4-85（a）～(d) 所示。

4.4.2.2 2016 年检测结果

经检测，全桥连续箱梁防腐涂装现状局部箱梁涂装脱落，梁板底面存在裂缝，其中通航孔处箱梁外部腹板存在较严重的斜裂缝，裂缝多为腹板底部宽，自下而上渐变窄，部分斜裂缝向底板延伸与底板裂缝连接。

左幅第 30 跨右侧腹板共计裂缝 55 条，总长约 96.88m，最大裂缝宽 0.8mm，0.2mm 及以上裂缝占总数的 34%；左幅第 30 跨左侧腹板共计裂缝 44 条，总长约 51.5m，最大裂缝宽度 0.4mm，0.2mm 及以上裂缝占总数的 34%；裂缝多分布在 29 号墩至跨中合龙段。

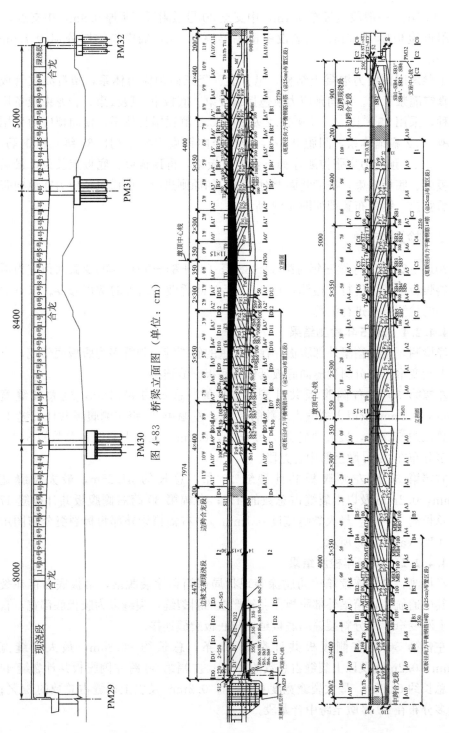

图 4-83 桥梁立面图（单位：cm）

图 4-84 桥梁钢束立面布置图（单位：cm）

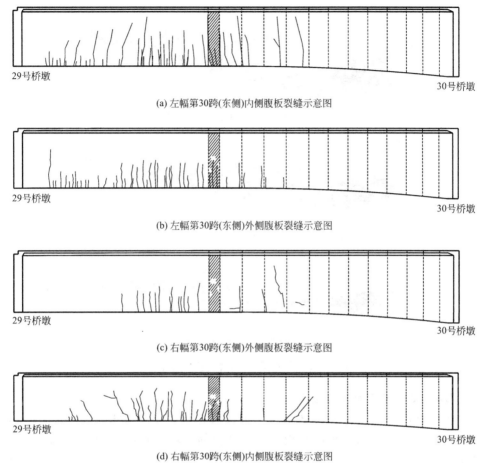

(a) 左幅第30跨(东侧)内侧腹板裂缝示意图

(b) 左幅第30跨(东侧)外侧腹板裂缝示意图

(c) 右幅第30跨(东侧)外侧腹板裂缝示意图

(d) 右幅第30跨(东侧)内侧腹板裂缝示意图

图 4-85　左右幅箱梁外部腹板裂缝分布图

右幅第 30 跨左侧腹板共计裂缝 29 条，总长约 37.25m，最大裂缝宽 0.2mm，0.2mm 及以上裂缝占总数的 4%；右幅第 30 跨右侧腹板共计裂缝 17 条，总长约 28.8m，最大裂缝宽度 0.1mm。左右幅箱梁外部腹板裂缝分布图示如图 4-86（a）～(d) 所示。

(a) 左幅第30跨(东侧)内侧腹板裂缝示意图

图 4-86　左右幅箱梁外部腹板裂缝分布图（一）

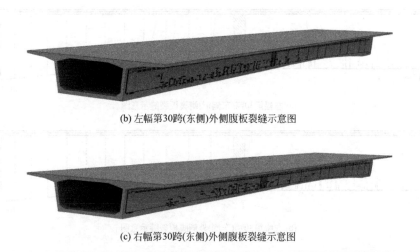

(b) 左幅第30跨(东侧)外侧腹板裂缝示意图

(c) 右幅第30跨(东侧)外侧腹板裂缝示意图

(d) 右幅第30跨(东侧)内侧腹板裂缝示意图

图 4-86　左右幅箱梁外部腹板裂缝分布图（二）

4.4.2.3　2017 年检测结果

经检查，变截面连续箱梁内部底板及腹板维持上年度检测以来的现状，无新增横向裂缝；箱梁箱内底板顶面维修补强区域存在纵向裂缝，具体情况如下。

连续箱梁涂装层局部脱落、混凝土剥落及锈胀露筋，箱梁底面及腹板存在裂缝，其中第 30 跨箱梁外部腹板存在较严重的斜裂缝，裂缝多为腹板底部宽，自下而上渐变窄，部分斜裂缝向底板延伸与底板裂缝连接。

左幅第 30 跨左侧腹板共计裂缝 59 条，总长约 72.4m，最大裂缝宽度 0.38mm，0.2mm 及以上裂缝 17 条；右侧腹板共计裂缝 59 条，总长约 90.4m，最大裂缝宽度 0.65mm，0.2mm 及以上裂缝 18 条；裂缝多分布在 29 号墩至跨中。

右幅第 30 跨左侧腹板共计裂缝 30 条，总长约 39.85m，最大裂缝宽度 0.4mm，0.2mm 及以上裂缝 2 条；右侧腹板共计裂缝 20 条，总长约 30.6m，最大裂缝宽度 0.1mm。左右幅箱梁外部腹板裂缝描述如图 4-87 所示。

4.4.2.4　连续三年第 30 跨腹板裂缝汇总分析

通过 2015～2017 年的检测结果来看，第 30 跨腹板的裂缝分布逐年变化，经过统计，裂缝的条数和最大宽度如表 4-6 所示。

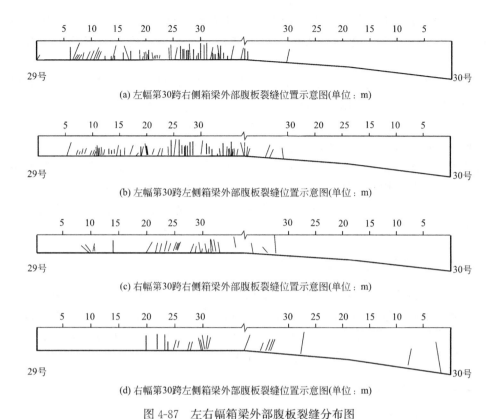

图 4-87 左右幅箱梁外部腹板裂缝分布图

连续三年第 30 跨左右幅腹板外侧裂缝统计 表 4-6

位置	检测年份	数量(条)	总长(m)	最大宽度(mm)
左幅第 30 跨左侧腹板	2015	44	51.50	0.40
	2016	44	51.50	0.40
	2017	59	72.40	0.38
左幅第 30 跨右侧腹板	2015	51	88.18	0.80
	2016	55	96.88	0.80
	2017	59	90.40	0.65
右幅第 30 跨左侧腹板	2015	29	37.25	0.20
	2016	29	37.25	0.20
	2017	30	39.85	0.40
右幅第 30 跨右侧腹板	2015	17	28.80	0.10
	2016	17	28.80	0.10
	2017	20	30.60	0.10

由表 4-6 可知，连续三年，左幅第 30 跨右侧腹板的裂缝分布最多、病害最严重，2016 年裂缝宽度达最大值，2017 年的最大裂缝宽度和裂缝总长均有所减小。

经分析可知，截止到 2017 年，大桥第 30 跨的外侧腹板最大裂缝宽度与裂缝总长整体减小的原因有以下两点。

（1）大桥自 2008 年建成通车，运营至 2015 年间，一直承受着重载交通及过度超载，这些因素对结构的耐久性与安全性造成了严重影响。在此期间，过度超载使得受力不利的第 30 跨产生了较宽裂缝。2015 年至今，管理部门治理了超载，实施了限载措施，使得 2017 年的定期检查结果出现裂缝减小的情况。

（2）桥梁的定检单位不同，检查人员采取的检测手段、检测范围、检测仪器等误差可能会使得检测结果有区别。

4.4.3 腹板开裂原因分析简述

通过对检测结果的概述及腹板开裂的原因分析可知，腹板的开裂主要是由重载交通及超载车辆引起的。为了详细地分析腹板裂缝产生的原因，以下将从超载车辆、腹板的实测温差、重载交通考虑活载增大系数等角度，并以空间网格模型和 ANSYS 实体模型的方法来解析和验证腹板开裂的原因。

4.4.4 模型概况

全桥模型如图 4-88 所示，计算模型由空间六自由度梁格系组成，全桥共分 2317 个节点和 3896 个单元，成桥约束布置如图 4-89 所示。桥梁整体坐标系的选取为：原点设在一侧端横梁的中点，方向规定根据右手规则，x 方向沿桥梁纵向，y 方向为竖直向上，z 方向沿桥梁横向。

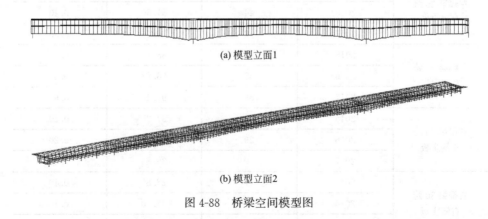

(a) 模型立面1

(b) 模型立面2

图 4-88 桥梁空间模型图

箱梁断面的划分和节点情况如图 4-90 所示，沿纵向共分为 8 根纵梁：直腹

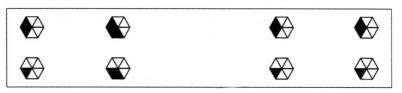

图 4-89 成桥约束设置示意图

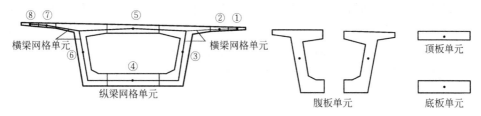

图 4-90 箱梁断面划分示意图

板划分为1根工字形纵梁单元，可以得到截面上、下缘位置的正应力及腹板上、中、下三个位置主应力；顶板、底板划分为多个板单元，可以得出板单元上、下缘的正应力及单元的面内主应力。

结构验算时仅计入预应力钢筋，预应力受弯构件受拉区的普通钢筋在使用阶段的应力很小，可不必计入验算。根据目前的状况，从应力的角度进行校核。

1. 荷载取值

1) 一期恒载容重：$r=26.0 kN/m^3$

2) 二期恒载重

沥青铺装：$16.5 \times 0.1 \times 24 = 39.6 kN/m$

人行道及栏杆：$20 kN/m$

防撞护栏：$8.75 kN/m$

二期恒载合计：$39.6 + 20 + 8.75 = 68.35 kN/m$

3) 活载

汽车荷载：城—A，四车道。

人群荷载：按 $3.5 kN/m$。

4) 温度

整体升温+20℃，整体降温-20℃。

梯度温度：$T_1=16.4℃$，$T_2=5.98℃$，降温为升温的-0.5倍。

5) 支点不均匀沉降

30号和31号主墩按2cm计算，29号和32号边墩按1cm计算。

6）施工挂篮荷载：800kN/个

7）预应力钢绞线采用 $f_{pk}=1860$ MPa，符合《预应力混凝土用钢绞线》GB/T 5224—2003 的规定，钢绞线采用 $d=15.24$ mm 的七股Ⅱ级松弛（低松弛）钢绞线，单根钢绞线公称面积 $A=139.0$ mm^2，弹性模量 $E_y=1.95\times10^5$ MPa，塑料波纹管成孔，OVM 锚具。预应力参数：预应力采用预埋塑料波纹管，孔道摩阻系数 0.25，孔道偏差系数 0.0015，锚具变形及回缩值（一端）6mm。预应力松弛系数 2.5%。

纵向预应力按布置位置分三种：（1）悬臂施工阶段的顶板束 T1~T11 和腹板下弯束 Fz0~Fz9、Fy0~Fy9，跨中合龙段顶板束 MT1~MT5、Mf；（2）中跨跨中底板合龙束 MB1~MB5；（3）边跨底板束 Sb0~Sb9、Bf1~Bf2、SB1~SB5，边跨顶板束 St1~St3、ST1~ST4。预应力规格有 9ϕ^s15.24、12ϕ^s15.24、15ϕ^s15.24 钢绞线（$R_y^b=1860$ MPa），张拉控制应力按设计说明中取值为 1395MPa。

横向预应力采用 3ϕ^s15.24 钢绞线（$R_y^b=1860$ MPa），张拉控制应力按设计说明中取值为 1405MPa。墩顶横隔梁的预应力分别采用 15ϕ^s15.24 钢绞线（$R_y^b=1860$ MPa）和 9ϕ^s15.24 钢绞线（$R_y^b=1860$ MPa），张拉控制应力按设计说明中均取值为 1405MPa，腹板竖向预应力采用 ϕ32 粗钢筋，张拉控制应力按设计说明中均取值为 1065MPa。

计算过程中纵向预应力、桥面板及横隔梁的横向预应力通过空间有限元程序 WISEPLUS 自动扣除各项损失后，计算相应单元上的预应力效应。

2. 悬臂施工阶段划分

模型计算共分 19 个阶段：

第 1 阶段，浇筑并张拉 0 号段钢束（30 号墩、31 号墩）；

第 2 阶段，浇筑并张拉 1 号段钢束（30 号墩、31 号墩）；

第 3 阶段，浇筑并张拉 2 号段钢束（30 号墩、31 号墩）；

第 4 阶段，浇筑并张拉 3 号段钢束（30 号墩、31 号墩）；

第 5 阶段，浇筑并张拉 4 号段钢束（30 号墩、31 号墩）；

第 6 阶段，浇筑并张拉 5 号段钢束（30 号墩、31 号墩）；

第 7 阶段，浇筑并张拉 6 号段钢束（30 号墩、31 号墩）；

第 8 阶段，浇筑并张拉 7 号段钢束（30 号墩、31 号墩）；

第 9 阶段，浇筑并张拉 8 号段钢束（30 号墩、31 号墩）；

第 10 阶段，浇筑并张拉 9 号段钢束（30 号墩、31 号墩）；

第 11 阶段，浇筑并张拉 10 号段钢束（30 号墩、31 号墩）；

第 12 阶段，浇筑并张拉 11 号段钢束（30 号墩）；

第 13 阶段，边跨现浇段支架安装及浇筑；

第14阶段，中跨合龙及张拉合龙束；
第15阶段，右边跨合龙并张拉顶板、底板合龙束；
第16阶段，左边跨合龙段浇筑并张拉合龙束；
第17阶段，拆除临时支架；
第18阶段，二期恒载；
第19阶段，完成收缩徐变（3650d）。

3. 图中应力说明

在报告中提供相应单元的正应力和主应力。对腹板单元以及模拟顶板、底板的板单元，可以得到截面四个角点的正应力，如图4-91所示；对腹板单元，可以得到腹板上、中、下3个位置的主应力；对于模拟顶板、底板的板单元，可以得到板面内的主应力，如图4-92所示。

在图表中应力以拉应力为正，压应力为负。

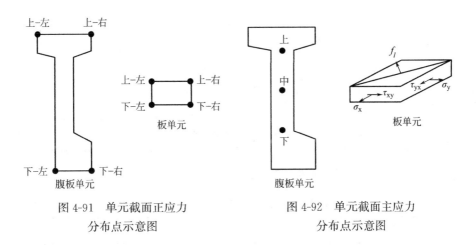

图4-91 单元截面正应力分布点示意图　　图4-92 单元截面主应力分布点示意图

4.4.5 计算结果

1. 考虑超载、腹板温差的混凝土箱梁应力计算分析

1）超载2倍试算分析

设计验算时关注三个荷载组合状态的应力：短期组合、长期组合及标准组合，由于软件本身的特点，判断全预应力构件是否开裂是对比短期组合下的应力是否超标。查找结构开裂原因阶段，在考虑实际交通量修正活载影响系数前，可从理想超载的角度出发先进行试算分析，假定超载40%～100%。本桥第30～32跨的超载100%时标准荷载组合为：1×成桥阶段＋2×车道荷载＋1×整体温度＋1×竖向梯度温度＋1×人群荷载＋1×基础沉降。由于提前试算过，下图仅列出超载2倍时的结果。

（1）超载 2 倍时的应力分布与裂缝分布对比

全桥开裂状态拉压正应力分布如图 4-93，全桥腹板开裂状态主拉应力分布如图 4-94，各部位裂缝及超限应力分布情况如表 4-7 所示。

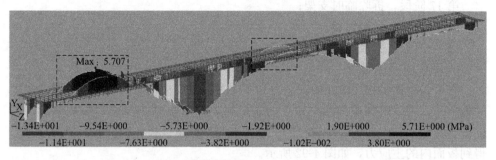

图 4-93　全桥开裂状态拉压正应力分布图（单位：MPa）

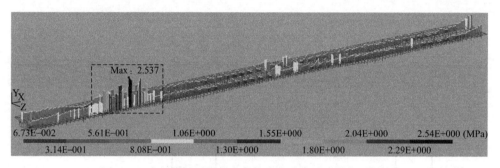

图 4-94　全桥腹板开裂状态主拉应力分布图（单位：MPa）

桥梁各部位裂缝及超限应力分布情况　　　　　　表 4-7

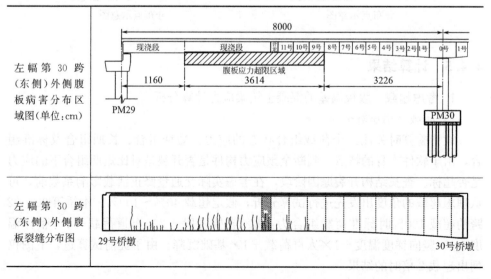

项目	图示
左幅第30跨（东侧）外侧腹板下缘正应力超标范围分布图（单位：MPa）	第30跨外侧腹板应力超限区域对应竖向裂缝；30号墩；Max:5.211；Min:-13.077 -1.31E+001　-9.42E+000　-5.76E+000　-2.10E+000　-1.55E+000　5.21E+000(MPa) -1.12E+001　-7.59E+000　-3.93E+000　-2.76E-001　3.38E+000
左幅第30跨（东侧）内侧腹板病害分布区域图（单位：cm）	8000；现浇段；现浇段；11号 10号 9号 8号 7号 6号 5号 4号 3号 2号 1号 0号 1号；腹板应力超限区域；1160；4014；2826；PM29；PM30
左幅第30跨（东侧）内侧腹板裂缝分布图	29号桥墩　　　　30号桥墩
左幅第30跨（东侧）内侧腹板下缘正应力超标范围分布图（单位：MPa）	第30跨内侧腹板应力超限区域对应竖向裂缝；30号墩；Max:5.707；Min:-13.351 -1.34E+001　-9.54E+000　-5.73E+000　-1.92E+000　1.90E+000　5.71E+000(MPa) -1.14E+001　-7.63E+000　-3.82E+000　-1.02E-002　3.80E+000
第30跨底板横杆上缘正应力超标范围分布图（对应纵向裂缝）（单位：MPa）	边跨底板横杆上缘正应力超标范围对应纵向裂缝；30号墩；Max:6.285；Min:-3.697 -3.70E+000　-1.70E+000　2.95E-001　2.29E+000　4.29E+000　6.28E+000(MPa) -2.70E+000　-7.03E-001　1.29E+000　3.29E+000　5.29E+000
第30跨底板横杆下缘正应力超标范围分布图（对应纵向裂缝）（单位：MPa）	边跨底板横杆下缘正应力超标范围对应纵向裂缝；30号墩；Max:5.769；Min:-1.715 -1.71E+000　-2.18E-001　1.28E+000　2.78E+000　4.27E+000　5.77E+000(MPa) -9.67E-001　5.30E-001　2.03E+000　3.52E+000　5.02E+000

续表

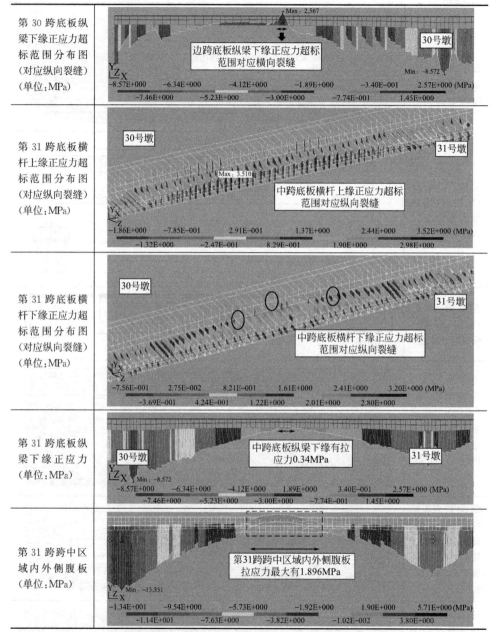

(2) 超载2倍时计算结果分析

经试算，一直超载至100%时，第30跨的腹板超限应力分布与实际裂缝产生的位置和范围相接近。腹板正应力最大的有5.7MPa；空间网格的横杆（正应力）拉应力对应纵向裂缝，第30跨底板上、下缘对应纵向裂缝的区域应力最大达到 6.28MPa，应力最大出现在合龙段，应力超限的位置与纵向裂缝出现的位置相近；第 31 跨底板上、下缘对应纵向裂缝的区域应力最大达到 3.52MPa，应力超限的位置与纵向裂缝出现的形式相近。

根据病害特征，结合计算分析结果，判断腹板裂缝及底板下缘的纵横向裂缝形成，超载是主要影响因素。

2）基于实测交通流量与实测温度的分析

以上是假设超载的试算分析，为进一步分析病害原因，查阅了超载交通流量的历年记录与一定时间内的箱梁温度分布。通过考虑实测交通流量、大吨位车辆混入率及轴荷分布中轴重超限百分比，确定活载影响修正系数加之腹板温差作用，从而研究此类情况下混凝土的应力状况。

（1）活载影响修正系数

根据《公路桥梁承载能力检测评定规程》JTG/T J21—2011 规定：依据实际调查的典型代表交通量、大吨位车辆混入率和轴荷分布情况，可按式（4-2）确定活载影响修正系数 ξ_q。

$$\xi_q = \sqrt[3]{\xi_{q1} \xi_{q2} \xi_{q3}} \tag{4-2}$$

式中　ξ_{q1}——交通量影响修正系数，按表 4-8 确定；

　　　ξ_{q2}——大吨位车辆混入影响修正系数，按表 4-9 确定；

　　　ξ_{q3}——轴荷分布影响修正系数，按表 4-10 确定。

交通量影响修正系数 ξ_{q1}　　　　表 4-8

Q_m/Q_d	ξ_{q1}	Q_m/Q_d	ξ_{q1}
$1 < Q_m/Q_d \leqslant 1.3$	[1.0, 1.05)	$1.7 < Q_m/Q_d \leqslant 2.0$	[1.10, 1.20)
$1.3 < Q_m/Q_d \leqslant 1.7$	[1.05, 1.10)	$2 < Q_m/Q_d$	[1.20, 1.35)

大吨位车辆混入影响修正系数 ξ_{q2}　　　　表 4-9

α	ξ_{q2}	α	ξ_{q2}
$\alpha < 0.3$	[1.0, 1.05)	$0.5 \leqslant \alpha < 0.8$	[1.10, 1.20)
$0.3 \leqslant \alpha < 0.5$	[1.05, 1.10)	$0.8 \leqslant \alpha < 1.0$	[1.20, 1.35)

轴荷分布影响修正系数 ξ_{q2}　　　　表 4-10

β	ξ_{q3}	β	ξ_{q3}
$\beta < 5\%$	1.0	$15\% \leqslant \beta < 30\%$	1.30
$5\% \leqslant \beta < 15\%$	1.15	$\beta \geqslant 30\%$	1.40

注：Q_m——实际交通量；

　　Q_d——设计交通量；

　　α——大吨位车辆混入率；

　　β——后轴重超过汽车检算荷载最大轴荷的轴荷所占百分数。

通过 2013 年、2014 年及 2016 年的交通量统计资料分析可知，在进行荷载效应组合时可引入活载影响修正系数 ξ_q 适当提高汽车检算荷载效应的分项系数，以反映桥梁实际承载情况。

① 根据实际调查，江东大桥的交通量大于设计交通量 2 倍，对应交通量的活载影响修正系数 ξ_{q1} 可取为 1.2。

② 江东大桥通行超重车的现象较多，超过汽车检算荷载主车的大吨位车辆的交通量与实际交通量之比，即大吨位车辆混入率 α，$\alpha=0.8$ 时对应大吨位车辆混入率的活载影响修正系数 ξ_{q2} 为 1.2。

③ 后轴重超过汽车检算荷载之最大轴荷的轴荷所占的百分数 β，$\beta \geqslant 30\%$ 时对应于轴荷分布的活载影响修正系数 ξ_{q3} 为 1.40。

④ 根据确定对应交通量、大吨位车辆混入率、轴荷分布的活载影响修正系数，计算汽车检算荷载的活载影响修正系数 $\xi_q = (\xi_{q1}\xi_{q2}\xi_{q3})^{1/3} = (1.2 \times 1.2 \times 1.4)^{1/3} = 1.263$。

此计算阶段，参照规范中荷载组合的规定，结合本桥特点，荷载组合取：$1 \times$ 成桥阶段（考虑 10 年收缩徐变）$+1.263 \times$ 车道荷载 $+1 \times$ 腹板温差 $+1 \times$ 梯度温度 $+1 \times$ 人群荷载。

（2）温度取值及温度计算结果

2017 年实测温度数据整理后如表 4-11 所示。

实测箱外温度 表 4-11

	传感器位置	最高温度(℃)	最低温度(℃)	平均温度(℃)
8月14日~8月24日箱外	1	35.3	26.4	30.3
	2	36.4	26.2	30.3
	3	36.2	26.5	30.5
	4	35.9	27.3	31.03
	5	37.4	27.5	31.5
	6	36.2	26.6	30.5
	7	36.2	26.2	30.4
	8	36.6	26.7	30.8
	9	35.9	27.3	30.8
	10	36.6	26.7	30.5
	11	37.6	26.7	31.02
	12	36.9	27.3	31.43
	13	36.7	26.7	30.99
	14	36.4	27.2	31.02
	15	36.3	27.1	30.9
	16	36.3	26.6	30.54

箱内温度实测数据较少，根据相关单位提供的箱外实测温度数据，8月份，通过现场的箱内外温度观测，结合表4-11得出箱内外正负温差在8℃左右。参照之江大桥非通航孔混凝土箱梁的箱内外温度实际测试结果，其箱梁内外正负温差在8~10℃，再结合《公路桥涵设计通用规范》JTG D60—2015关于横向梯度温度的规定，综合考虑取箱梁内外温差8℃。

腹板的内外温差定义是腹板内侧与截面形心的温差，也是箱内外正负温差的一半，在程序指的是上缘温差。腹板温差的施加如图4-95所示，腹板温差引起的正应力与主拉应力如图4-96与图4-97所示。

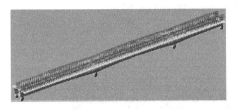

图4-95　腹板温差作用的加载图示

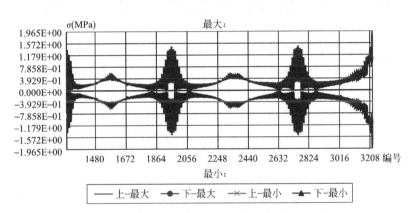

图4-96　腹板温差引起的正应力

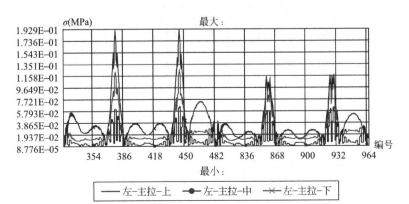

图4-97　腹板温差引起的主拉应力

通常情况下，在温度荷载作用下，当箱内温度低于箱外温度时，腹板内侧受拉，腹板外侧受压，腹板内侧的竖桥向拉应力超过了混凝土的抗拉强度限值，腹板内侧便会产生水平裂缝。当箱内温度高于腹板外侧时，腹板内侧将产生压应力，腹板外侧产生拉应力，腹板外侧便会产生水平裂缝。腹板正负温差8℃时，腹板的正应力（拉应力）分布在0～1.17MPa，主拉应力分布在0～0.193MPa。由此可知，腹板温差引起的正应力和主拉应力较小，说明此桥的腹板厚度设计的较为合理，腹板温差不是引起裂缝的原因。

（3）荷载组合计算结果

荷载组合下各结构应力计算结果如图4-98～图4-102所示。

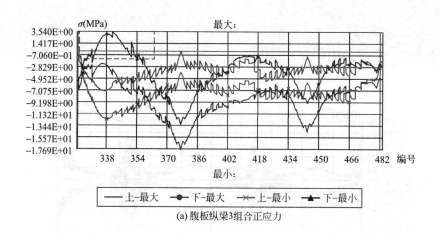

(a) 腹板纵梁3组合正应力

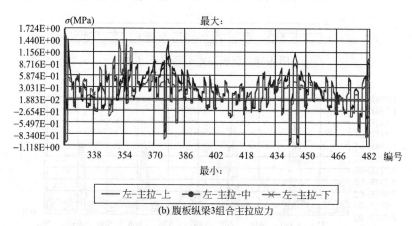

(b) 腹板纵梁3组合主拉应力

图4-98 荷载组合下各板单元正应力及主拉应力（一）

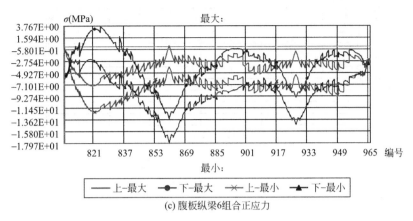

(c) 腹板纵梁6组合正应力

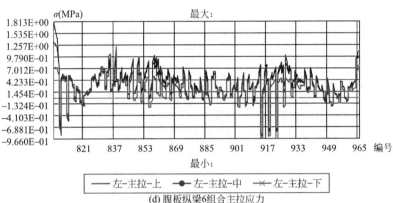

(d) 腹板纵梁6组合主拉应力

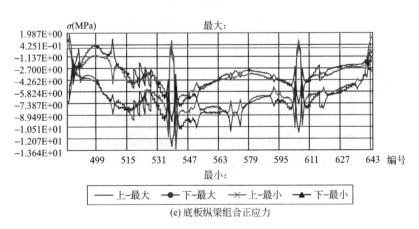

(e) 底板纵梁组合正应力

图 4-98　荷载组合下各板单元正应力及主拉应力（二）

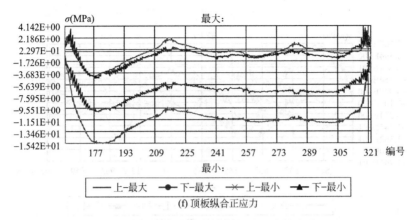

(f) 顶板纵合正应力

图 4-98 荷载组合下各板单元正应力及主拉应力（三）

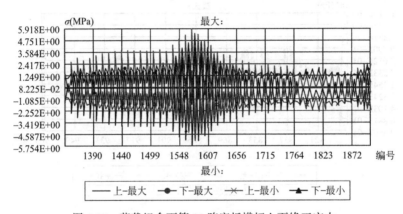

图 4-99 荷载组合下第 30 跨底板横杆上下缘正应力

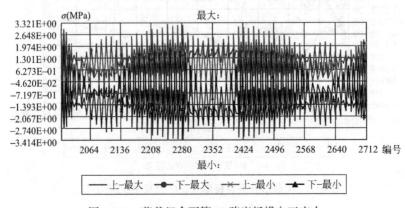

图 4-100 荷载组合下第 31 跨底板横向正应力

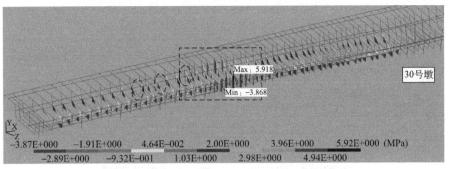

(a) 第30跨底板横杆上缘正应力合龙区域超限(对应纵向裂缝)

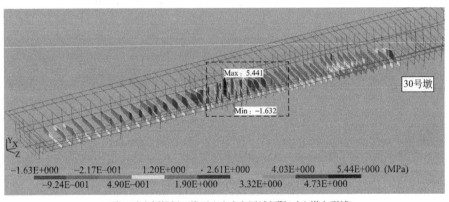

(b) 第30跨底板横杆下缘正应力合龙区域超限(对应纵向裂缝)

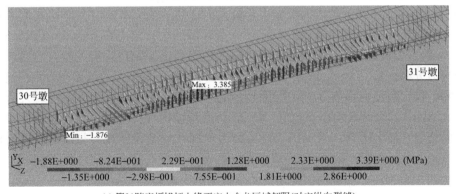

(c) 第31跨底板横杆上缘正应力合龙区域超限(对应纵向裂缝)

图 4-101　荷载组合下各结构超限应力分布情况（单位：MPa）（一）

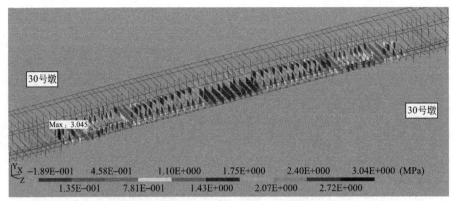

(d) 第31跨底板横杆下缘正应力合龙区域超限(对应纵向裂缝)

图4-101 荷载组合下各结构超限应力分布情况（单位：MPa）（二）

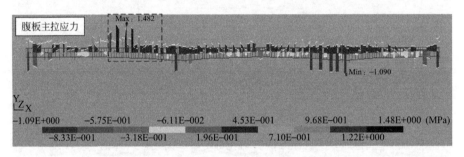

图4-102 荷载组合下腹板主拉应力分布情况（单位：MPa）

由以上应力图示可知，第30跨的腹板下缘自距梁端5～36m（即第11号块）约31.1m范围出现了较大的拉应力，最大值达到3.767MPa。第30跨左侧腹板有一个点主拉应力达到了1.20MPa，其余区域的主拉应力在0～0.979MPa间。第30跨右腹板合龙段区域的主拉应力最大达到了1.44MPa，合龙段左右区域主拉应力分布在1.156～1.44MPa。第30～32跨顶板下缘拉应力（正应力）普遍小于零，仅在墩顶区域有1.5MPa的拉应力。第30跨底板下缘拉应力最大达到0.42MPa，其余区段均小于此值。第30跨底板横向杆件上、下缘正应力（对应纵向裂缝）最大达到5.92MPa，应力最大出现在合龙段区域，与纵向裂缝出现的位置及范围相近；第31跨底板横向杆件上、下缘正应力（对应纵向裂缝）最大达到3.39MPa，与纵向裂缝出现的位置及范围相近。

由此可知，基于2013年实测交通流量和实测温度的情况下，第30跨的腹板下缘出现了较大的拉应力，也是病害最严重的一跨，与检测结果基本对应；第30跨和第31跨合龙段周围区域的横向（正应力）拉应力较大，此处空间网格的横杆（正应力）超限拉应力对应的是纵向裂缝，应力超限的位置与检测中裂缝出现的位置相近。本部分的分析结论也验证了超载是引起桥梁开裂的主要原因。

3) 小结

本节首先对超载进行了试算分析，之后基于实测交通流量和实测温度进行了计算分析，分别形成了如下结论。

（1）经超载的试算，一直超载至100%时（也即超载2倍），第30跨的腹板超限应力与实际裂缝产生的位置和范围相接近。第30跨和第31跨底板的纵向裂缝位置与空间网格中横杆（正应力）对应的拉应力位置相近。根据病害特征，结合超载试算分析结果，判断超载是腹板裂缝及底板下缘的纵横向裂缝形成的主要因素。

（2）腹板温差为8℃时，考虑横向温度梯度的计算结果显示腹板的拉应力较小，说明此桥的腹板厚度设计地较为合理，腹板的温差不是引起腹板裂缝的原因。

（3）考虑实测交通流量和实测温度，并将此参与荷载组合，也即：1×成桥阶段（考虑10年收缩徐变）+1.263×车道荷载+1×腹板温差+1×梯度温度+1×人群荷载。计算结果表明：在超载重车、腹板温差的作用下，第30跨的腹板下缘出现了较大的拉应力，这也是病害最严重的一跨，与检测结果基本对应；第30跨和第31跨合龙段底板附近区域的横向（正应力）拉应力较大，此处的空间网格的横杆（正应力）超限应力对应的是纵向裂缝，应力超限的位置与检测中裂缝出现的位置相近。本部分的分析结论也验证了超载是引起桥梁开裂的主要原因。

2. 基于实测超载车辆的计算分析

1）概况

以上分别做了超载试算分析和考虑实测交通流量和实测温度的分析，得出了较为一致的结论，超载是引起第30跨箱梁腹板及第30跨和第31跨箱梁底板开裂的主要原因。

为更全面地、真实地反映重载等混合交通的影响，查阅超载重车的历年记录与一定时间内的箱梁内外温度分布，从超重单车的影响面加载与考虑活载影响修正系数的角度出发，考查箱梁混凝土的应力分布情况。此计算阶段，参照规范中荷载组合的规定及前文得出的活载影响修正系数，加之考虑超重车辆混入的影响，荷载组合取为：1×成桥阶段（考虑10年收缩徐变）+1×重车（影响面加载）+1.263×车道荷载（引入活载影响修正系数）+1×腹板温差（横向温度梯度）+1×竖向梯度温度+1×人群荷载，从而对各种工况最不利效应进行包络，这样既考虑了重载交通的荷载流对车道荷载的影响，又计入了最大重车混入的作用。

2）实测超载车辆与温度分布的空间网格分析

（1）实测超载车辆情况

江东大桥治理超限超载车辆综合执法行动从 2014 年 6 月 5 日开始，对过往大桥的超限超载车辆进行 24 小时管控，执法效果明显。

2015 年 7 月，因杭州绕城下沙互通至江东大桥高速公路建设需要（计划于 2015 年 9 月底建成通车收费），将江东大桥动态称重系统拆除，江东大桥治超工作主要以路政执法人员在收费站实施现场管控。由于没有实施 24 小时不间断治超，超载车与执法人员玩起游击战，60t 以上超载车辆屡禁不止，给桥梁结构、机电设备、行车安全等带来严重的隐患。

根据 2016 年 6 月 20 日～7 月 5 日不完全统计，共有 1210 辆超限超载车辆从江东大桥通过，其中 60～80t 为 832 辆（68.8%），80～100t 为 238 辆（19.6%），100t 以上 140 辆（11.6%），最重车辆达到 150.28t。从数据上看，治超效果不甚理想，如任其发展，将危及江东大桥结构和行车安全。据 2016 年全年其他月份的超限车辆监测结果，最重车辆达到 158t。

2013 年 9 月 1 日～9 月 30 日，双向车流 720,145 辆次（27,191 辆次/日），其中超限车辆 63,583 辆次（2344 辆次/日），55t 以上有 26,410 辆次（993 辆次/日），最大车重 215t，出现于右幅。

2014 年 3 月 1 日～3 月 31 日，双向车流 788,488 辆次（29,174 辆次/日），其中超限车辆 75,235 辆次（2939 辆次/日），55t 以上有 46,275 辆次（1800 辆次/日），最大车重 197t，出现于左幅。

据检测结果显示，本桥左幅病害最为严重。本节主要从超重单车影响面加载的角度出发，将左幅出现的 197t 重车作为加载依据，按影响面进行加载。

慧加空间程序可以根据需要任意定义活荷载，比如定义超重车辆的各轴重与轴距，城—A 单车荷载 70t，五轴，超重车 197t，按照比例分配在每个轴，按照轴重与轴距添加超重车辆的模型施加及重车的各个轴重分配分别如图 4-103 和表 4-12 所示。

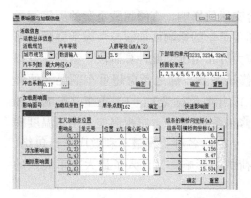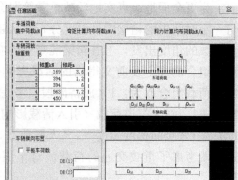

图 4-103　超重车辆定义与加载信息图示

重车197t于五个轴的荷载分配　　　　　　　　　　表4-12

轴重(kN)	城—A(kN)	每轴所占比例(%)	超重车(kN)	每轴分配荷载(kN)
60	700	0.085714	1970	169
140	700	0.2	1970	394
140	700	0.2	1970	394
200	700	0.285714	1970	563
160	700	0.228571	1970	450

（2）温度取值

箱内温度实测数据较少，根据相关单位提供的箱外实测温度数据，8月份，通过现场的箱内外温度观测，结合表4-11得出箱内外正负温差在8℃左右。参照之江大桥非通航孔混凝土箱梁的箱内外温度实际测试结果，其箱梁内外正负温差在8~10℃，再结合《公路桥涵设计通用规范》JTG D60—2015关于横向梯度温度的规定，综合考虑取箱梁内外温差8℃。

（3）计算结果分析

将荷载组合取为：1×成桥阶段（考虑10年收缩徐变）+1×重车（影响面加载）+1.263×车道荷载（引入活载影响修正系数）+1×腹板温差（横向温度梯度）+1×竖向梯度温度+1×人群荷载，从而对各种工况最不利效应进行包络，这样既考虑了重载交通的荷载流对车道荷载的影响，又计入了最大重车混入的作用。将每项的计算结果进行包络取其最大值和最小值，之后将各个单项的最值进行叠加，左右腹板的正应力叠加计算结果分别如图4-104和图4-105所示，

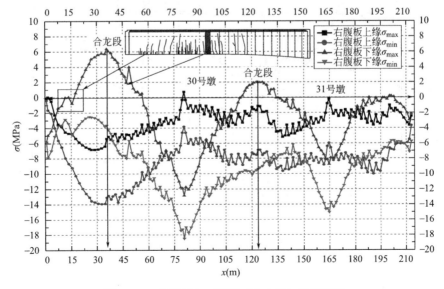

图4-104　右腹板上、下缘正应力叠加结果图示

底板的叠加计算结果如图 4-106 所示，顶板的叠加计算结果如图 4-107 所示，第 30 跨和第 31 跨的底板横向应力的叠加计算结果分别如图 4-108 和图 4-109 所示，左右腹板的主拉应力叠加计算结果分别如图 4-110 和图 4-111 所示。

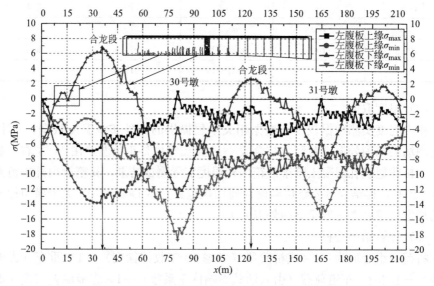

图 4-105　左腹板上、下缘正应力叠加结果图示

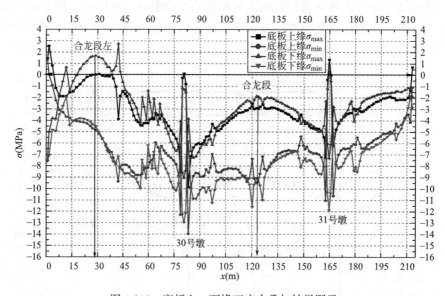

图 4-106　底板上、下缘正应力叠加结果图示

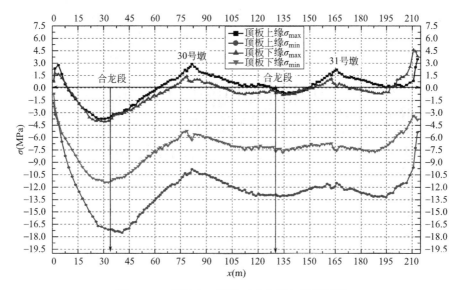

图 4-107 顶板上、下缘正应力叠加结果图示

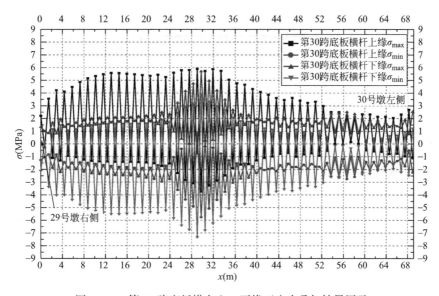

图 4-108 第 30 跨底板横向上、下缘正应力叠加结果图示

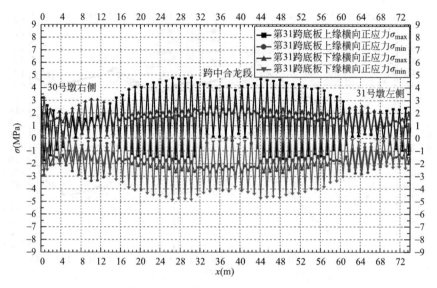

图 4-109　第 31 跨底板横向上、下缘正应力叠加结果图示

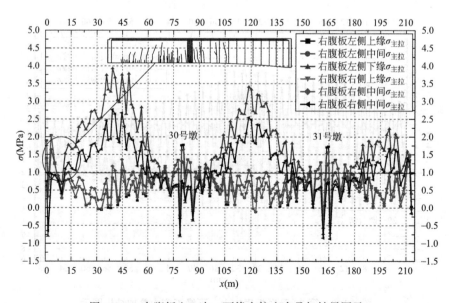

图 4-110　右腹板上、中、下缘主拉应力叠加结果图示

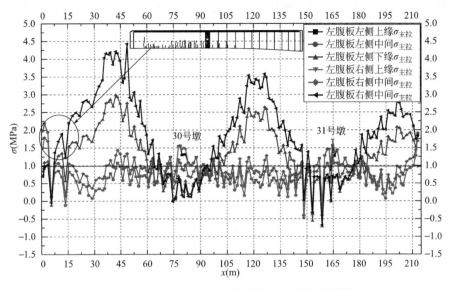

图 4-111　左腹板上、中、下缘主拉应力叠加结果图示

此阶段考虑了车道荷载的修正系数、重车混入影响、腹板横向温度梯度、桥面板竖向温度梯度、基础沉降及人群荷载的作用,将每项按照标准组合进行叠加。在荷载组合下,图 4-104～图 4-111 分别列出了腹板、底板、顶板正应力分布及腹板主拉应力分布。由图 4-104 和图 4-105 及图 4-106 和图 4-107 可知,腹板上、下缘最大和最小正应力叠加的结果显示,第 30 跨下缘的拉应力(正应力)较大,合龙段附近左右腹板达到峰值近 6MPa,应力超限的范围约 40m;第 31 跨腹板下缘的拉应力最大达到 2MPa,仅分布在跨中合龙段区域约 2m 范围;第 30 跨左右腹板下缘主拉应力较大,箱梁外侧腹板下缘最大值达到 2.7MPa,离 29 号墩梁端约 8m 的位置主拉应力为 1.5MPa,基本与第 30 跨的腹板裂缝分布位置与范围相近。由图 4-106 可知,第 30 跨底板合龙段区段下缘拉应力最大达到 1.5MPa,其余跨段均受压。由图 4-107 可知,在 30 号墩顶及 31 号墩顶区段出现了近 1.6MPa 的拉应力,其余跨段均受压。由图 4-108 和图 4-109 可知,第 30 跨底板上缘横向拉应力(横杆正应力)在 2～5.9MPa,合龙段区域较大,下缘横向拉应力(空间网格中横向杆件的正应力对应纵向裂缝)在合龙段区段 9m 范围分布的值较大,其值为 3～5.9MPa,29 号墩右侧约 25m 的范围应力分布在 1～2MPa 间,30 号墩左侧 32m 的范围应力分布在 1～3.5MPa 间,与 2017 年的箱梁底板外部检测结果相近;第 31 跨合龙段区域约 10m 范围底板上缘横向拉应力分布在 4MPa 左右,较大的值分布在底板一侧;合龙段左侧底板上缘拉应力分布在 1～4.5MPa 间,合龙段右侧底板下缘拉应力在 2～4.6MPa 间;第 31 跨合龙段区域约 44m 范围底板下缘横向拉应力分布在 1.5～2.5MPa,较大的值分布在底板

两侧端部；30号墩右侧15m的底板下缘拉应力分布在2.5～3.1MPa间，较大的值分布在底板两侧端部；31号墩左侧15m底板下缘拉应力在0.5～2.6MPa间；第30跨和第31跨箱梁底板下缘（外侧）应力较大值的位置及范围与底板外侧的纵向裂缝分布相近。

综上所述，考虑了车道荷载的修正系数、重车混入影响、腹板横向温度梯度、桥面板竖向温度梯度、基础沉降及人群荷载的作用之后，第30跨的腹板下缘出现了较大的拉应力（正应力）与主拉应力，第30跨和第31跨底板上、下缘横向拉应力也有部分区域的值较大。其影响因素中，人群荷载、基础沉降、温度作用所产生的不利应力值较小，主要是超载影响较大，这也是产生较多裂缝的主要原因。

3) ANSYS空间实体有限元分析

计算模型采用有限元程序ANSYS建立，选用实体单元SOLID64对混凝土梁进行建模，选用线单元LINK8对钢绞线进行建模，梁身计算模型如图4-112所示，预应力筋计算模型如图4-113所示，不同工况下加载位置图如表4-13所示，第30跨外腹板裂缝分布与拉应力分布对比如图4-114～图4-117所示，中载与偏载下两辆超载车通过时第30跨最大竖向位移图如图4-118和图4-119所示。

图4-114为工况1一辆超载车，从30跨外侧驶过时，梁底板外边缘纵向应力包络图，梁底最大拉应力为0.576MPa。底板外侧拉应力区位于距离29号墩梁端部23～37m范围内，最大应力值未超过混凝土抗拉强度设计值。

图4-115为工况2两辆超载车中载情况下，从30跨外侧驶过时，梁底板外边缘纵向应力包络图。底板外侧拉应力区位于18～43m范围内，最大应力值位于距离29号墩梁端部36.5m位置，为2.85MPa，超过混凝土抗拉强度设计值。底板最大竖向位移为−5.22cm，如图4-118。

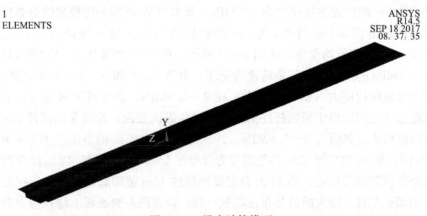

图4-112 梁身计算模型

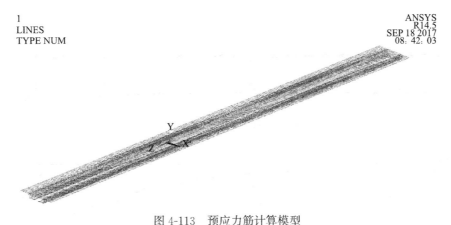

图 4-113　预应力筋计算模型

工况 1～工况 4 加载位置图　　　　　表 4-13

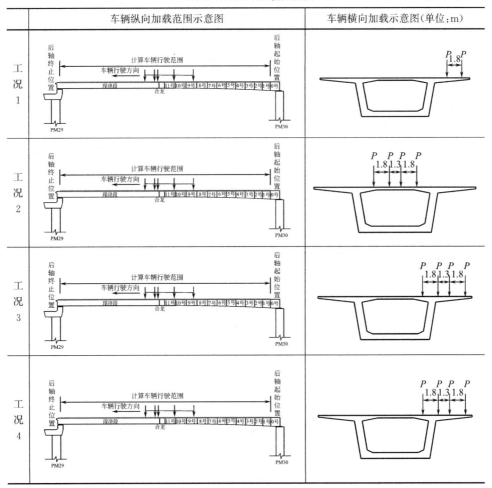

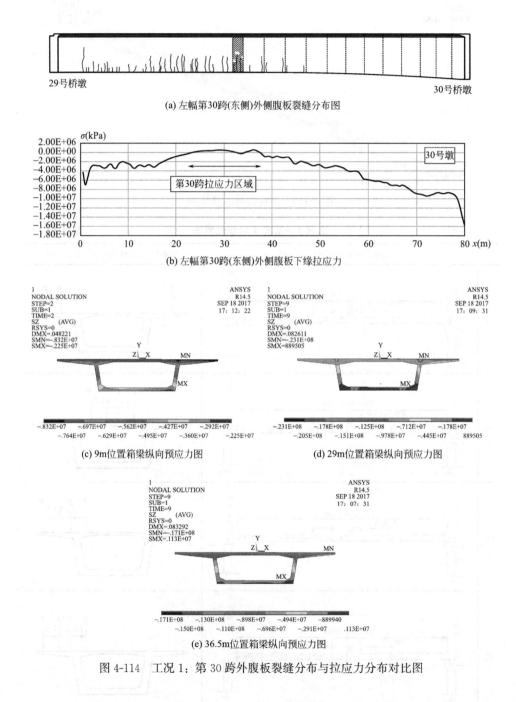

图 4-114 工况 1：第 30 跨外腹板裂缝分布与拉应力分布对比图

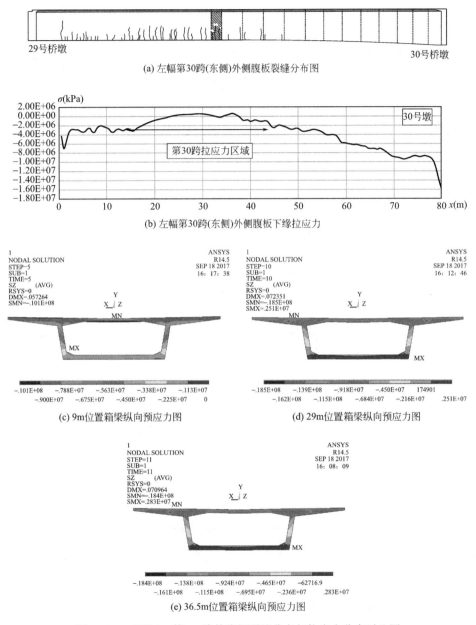

图 4-115 工况 2：第 30 跨外腹板裂缝分布与拉应力分布对比图

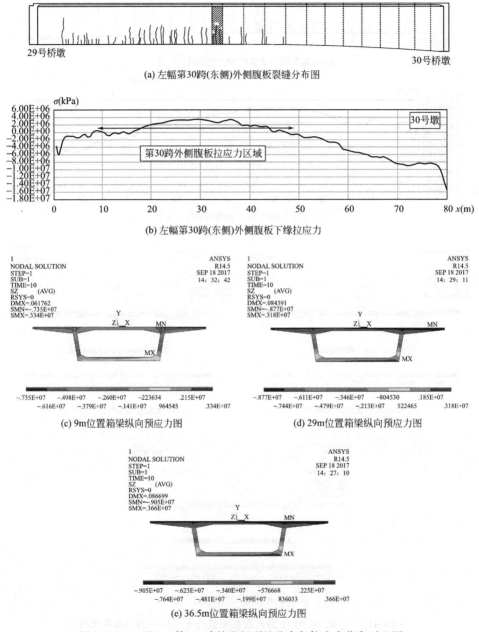

图 4-116 工况 3：第 30 跨外腹板裂缝分布与拉应力分布对比图

第 4 章 预应力混凝土箱梁桥开裂分析

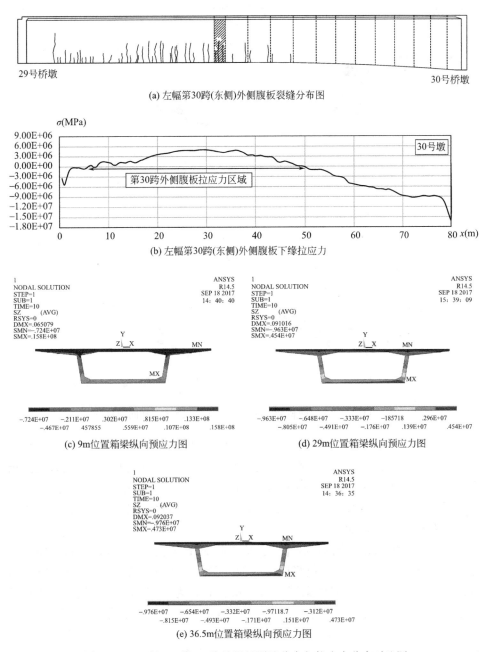

图 4-117 工况 4：第 30 跨外腹板裂缝分布与拉应力分布对比图

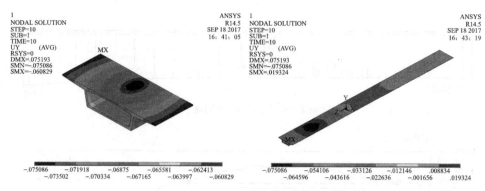

图 4-118　中载下两辆超载车通过时第 30 跨最大竖向位移图

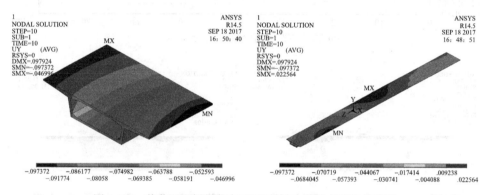

图 4-119　偏载下两辆超载车通过时第 30 跨最大竖向位移图

图 4-116 为工况 3 两辆超载车偏载情况下，从 30 跨外侧驶过时，梁底板外边缘纵向应力包络图。底板外侧拉应力区位于 8.5～47.5m 范围内，最大应力值位于距离 29 号墩梁端部 36.5m 位置，为 3.43MPa，超过混凝土抗拉强度设计值。距离两端 9m 处出现拉应力小峰值，拉应力大小为 0.477MPa。底板最大竖向位移为－6.41cm，如图 4-119。

图 4-117 为工况 4 两辆超载车，预应力损失 10％情况下，从 30 跨外侧驶过时，梁底板外边缘纵向应力包络图。底板外侧拉应力区位于 6.5～50m 范围内，最大应力值位于距离 29 号墩梁端部 36.5m 位置，为 4.75MPa，超过混凝土抗拉强度设计值。距离两端 9m 处出现拉应力小峰值，拉应力大小为 1.54MPa。

通过以上分析可知，超载为底板横向开裂和腹板竖向开裂的主要原因，偏载对板底应力影响较大，偏载与中载最大应力比值为 1.2，最大位移比为 1.2，偏载效应明显。本桥对预应力损失较敏感，预应力损失 10％情况下，两辆超载车情况下板底最大纵向拉应力最大值和受拉区范围明显增加。

4) 小结

本节采用空间网格模型和 ANSYS 实体有限元模型分别计算分析了超载车辆下的箱梁混凝土的应力，其中空间网格模型既考虑了重载交通的车辆荷载流对车道荷载系数的影响，又计入了超载重车混入的作用，并将两种因素共同参与荷载组合；ANSYS 实体有限元模型分别考虑了一辆超载重车、两辆超载重车中载与偏载、两辆超载重车与预应力损失 10% 的四种工况。得出了如下结论。

(1) 空间网格模型计算结果表明：考虑了车道荷载的修正系数、重车混入影响、腹板横向温度梯度、桥面板竖向温度梯度、基础沉降及人群荷载的作用之后，第 30 跨的腹板下缘出现了较大的拉应力（正应力）与主拉应力，第 30 跨和第 31 跨底板上、下缘横向拉应力也有部分区域的值较大。其影响因素中，人群荷载、基础沉降、温度作用所产生的不利应力值较小，主要是重车和修正后的活载系数影响较大，也是产生较多裂缝的主要原因。

(2) ANSYS 实体有限元模型计算结果表明：重车作用下，超载为底板横向开裂和腹板竖向开裂的主要原因，偏载对板底应力影响较大，偏载与中载最大应力比值为 1.2，最大位移比为 1.2，偏载效应明显。本桥对预应力损失较敏感，预应力损失 10% 情况下，两辆超载车情况下板底最大纵向拉应力最大值和受拉区范围明显增加。

3. 经评审基于治超后现状交通下的计算分析

1) 概况

通过对江东大桥非通航孔三跨连续梁的病害成因计算分析报告和初步维修设计方案的专家评审，专家一致认为需要补充治理超载后（即 2017 年）现状交通的计算情况。

2) 基于治超后 2017 年现状实测交通量的活载影响修正系数

根据《公路桥梁承载能力检测评定规程》JTG/T J21—2011 规定，活载影响修正系数按照表 4-8～表 4-10 取。

通过 2017 年的交通量统计资料（治超之后）分析可知，在进行荷载效应组合时可引入活载影响修正系数 ξ_q 适当提高汽车检算荷载效应的分项系数，以反映桥梁实际承载情况。

(1) 根据 2017 年 5 月～8 月交通量的实际调查结果显示，江东大桥的实测交通量/设计交通量为 2.161，对应交通量的活载影响修正系数 ξ_{q1} 可取为 1.216。

(2) 江东大桥通行超重车的现象较多，超过汽车检算荷载主车的大吨位车辆的交通量与实际交通量之比，即大吨位车辆混入率 α，$\alpha=0.148$ 时对应大吨位车辆混入率的活载影响修正系数 ξ_{q2} 为 1。

(3) 后轴重超过汽车检算荷载之最大轴荷的轴荷所占的百分数 β，当 $5\% \leqslant \beta = 14.8\% \leqslant 15\%$ 时对应于轴荷分布的活载影响修正系数 ξ_{q3} 为 1.15。

(4) 根据确定对应交通量、大吨位车辆混入率、轴荷分布的活载影响修正系数，计算汽车检算荷载的活载影响修正系数 $\xi_q = (\xi_{q1}\xi_{q2}\xi_{q3})^{1/3} = (1.216 \times 1.0 \times 1.15)^{1/3} = 1.11826$。

此计算阶段，参照规范中荷载组合的规定，结合本桥特点，荷载标准组合取：1×成桥阶段（考虑10年收缩徐变）+1.11826×车道荷载+1×腹板温差+1×梯度温度+1×人群荷载。

3）计算结果分析

左右腹板的正应力叠加计算结果分别如图4-120和图4-121所示，底板的叠加计算结果如图4-121所示，顶板的叠加计算结果如图4-123所示，第30跨和第31跨的底板横向应力的叠加计算结果分别如图4-124和图4-125所示，左右腹板的主拉应力叠加计算结果分别如图4-126和图4-127所示。

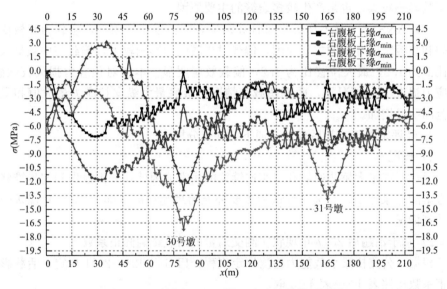

图4-120 右腹板上、下缘正应力计算结果图示

此阶段考虑了现状车道荷载的修正系数、腹板横向温度梯度、桥面板竖向温度梯度、基础沉降及人群荷载的作用，将每项按照标准组合进行叠加。在荷载组合下，图4-120～图4-127分别列出了腹板、底板、顶板正应力分布及腹板主拉应力分布。由图4-120和图4-121及图4-126和图4-127可知，腹板上、下缘最大和最小正应力的结果显示，第30跨下缘的拉应力（正应力）较大，合龙段附近左右腹板达到峰值近3MPa；第30跨左右腹板下缘主拉应力较大，箱梁外侧腹板下缘最大值达到1.5MPa。由图4-122和图4-123可知，底板纵向正应力几乎全受压，顶板除了支点区域上缘有1.5MPa的拉应力外，其余拉压正应力值均比较小。由图4-124和图4-125可知，第30跨底板上缘横向拉应力（横杆正应力）在

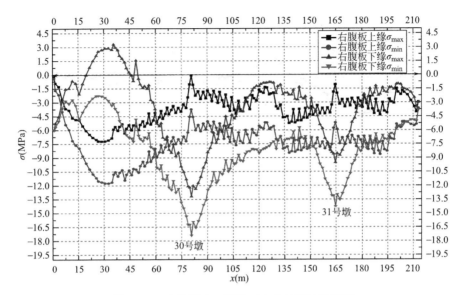

图 4-121 左腹板上、下缘正应力计算结果图示

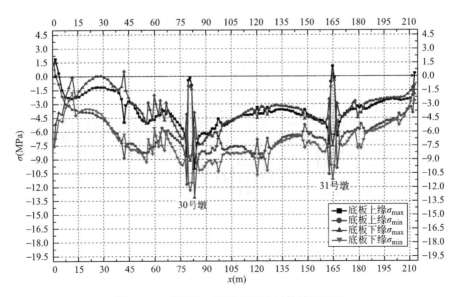

图 4-122 底板上、下缘正应力计算结果图示

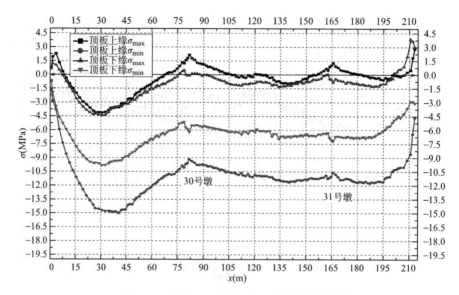

图 4-123 顶板上、下缘正应力计算结果图示

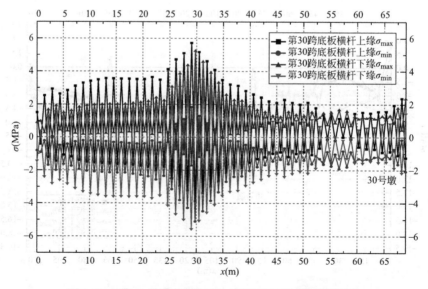

图 4-124 第 30 跨底板横向上、下缘正应力计算结果图示

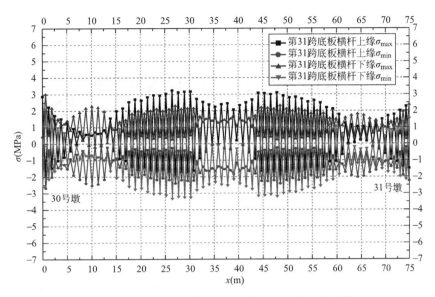

图 4-125 第 31 跨底板横向上、下缘正应力计算结果图示

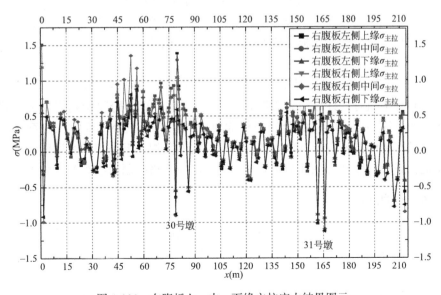

图 4-126 右腹板上、中、下缘主拉应力结果图示

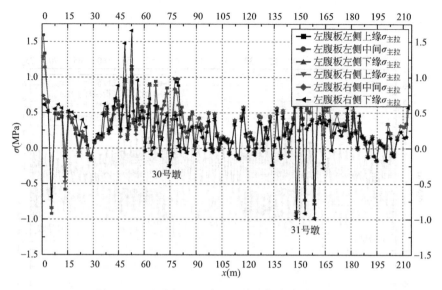

图 4-127 左腹板上、中、下缘主拉应力结果图示

1~5MPa，合龙段区域较大，下缘横向拉应力（横杆正应力对应纵向裂缝）在合龙段区段 9m 范围分布的值较大，其值为 2~5MPa；第 31 跨合龙段区域约 10m 范围底板上缘横向拉应力分布在 2MPa 左右，较大的值分布在底板一侧；合龙段右侧底板下缘拉应力在 1.5MPa 左右；第 31 跨合龙段两侧 5~15m 的范围底板上缘应力较大，其值为 2.5~3MPa；第 30 跨和第 31 跨箱梁底板下缘（外侧）应力较大值的位置及范围与底板外侧的纵向裂缝分布相近。

4）小结

根据 2017 年的实测现状交通流量，修正活载影响系数，并将温度、人群等荷载进行标准组合。计算结果表明，原出现裂缝的第 30 跨腹板超限应力位置及范围减小，第 30 跨和第 31 跨底板横向拉应力值有所减小。说明在超载治理之后，超载车辆的混入有所下降，减轻了对结构的负担。但是现状交通流量比原预测交通流量大，因此为保证结构安全、耐久，应严格控制超载车辆的驶入。

4.4.6 分析总结

以上开裂成因分析，主要考虑以下四个方面的荷载组合进行计算。

（1）1×成桥阶段＋2×车道荷载＋1×整体温度＋1×竖向梯度温度＋1×人群荷载＋1×基础沉降。

（2）1×成桥阶段（考虑10年收缩徐变）＋1.263×车道荷载＋1×腹板温差＋1×梯度温度＋1×人群荷载。

（3）1×成桥阶段（考虑10年收缩徐变）＋1×重车（影响面加载）＋1.263

×车道荷载（引入活载影响修正系数）+1×腹板温差（横向温度梯度）+1×竖向梯度温度+1×人群荷载。

（4）1×成桥阶段（考虑10年收缩徐变）+1.11826×车道荷载（引入活载影响修正系数）+1×腹板温差（横向温度梯度）+1×竖向梯度温度+1×人群荷载。

整体上，从计算结果来看，第30跨腹板下缘的拉应力一直处于较大值，第30跨和第31跨底板横向拉应力（正应力对应的纵向裂缝）也处于较大值，应力超限的位置和范围与检测结果基本相近。第三种工况组合考虑了正应力计算预应力效应修正系数及超重车辆混入的影响，这种处理方式是从偏不利角度进行考虑的，分析结果略有偏大。治超之后，根据2017年实测的现状交通流量，修正了活载影响系数。经计算，结果显示，原出现裂缝的第30跨腹板的超限应力位置及范围减小，第30跨和第31跨底板横向拉应力值有所减小。说明在超载治理后，超载车辆的混入有所下降，减轻了对结构的负担。但是现状交通流量仍比原预测交通流量大，与规范规定的车辆荷载模型有区别，实际的荷载流偏大。

综上所述，重载交通和较多的超载车辆长期作用是引起腹板与底板开裂的主要原因，底板横向裂缝多为施工期复杂条件造成。

同时ANSYS模型分析结果表明，箱梁结构在重车偏载作用下变形较大，这也影响到了桥梁安全性和耐久性，所以今后工作中，治理超载应为该桥的头等大事。

4.5 本章小结

通过对三座样本桥梁的空间分析，分别建立不同划分方式的空间网格模型，针对病害问题分析关键位置的特征指标应力可以得出设计以及运营过程中的不足，并对裂缝成因做出判断。对结构的受力特性，针对传统的初等梁理论分析方法的不足，结合空间网格模型的精细化分析结果，给出了相应的补充和验证。

基于强度理论的基本观点，以（主）拉应力超过某一限值，作为结构开裂的判别依据。

通过三座案例桥梁的实际分析可以得出以下结论。

(1) 空间网格模型精细化分析可以作为判断裂缝成因的重要手段

空间网格模型精细化分析得出的结构开裂位置与实际裂缝出现位置基本一致。空间网格模型可以方便地模拟结构施工过程、温度梯度工况以及影响面活载加载计算，可以尽可能精确地模拟结构实际受力状态。空间网格模型精细化分析对各位置结构受力认识清楚，是一种实用的精细化分析方法。

(2) 主拉应力超限是导致腹板斜裂缝的主要原因

利用空间网格模型,可以判断开裂病害的成因,并对潜在病害的发展提出预测。以案例桥梁1为例,分析结果表明在边墩支撑位置以及中墩两侧36m范围内,腹板主拉应力数值较大,均保持在2MPa左右,与实际病害发生范围相同。在上述两个范围内,剪应力较大,腹板厚度不足时,抗剪承载能力不够,是导致腹板斜裂缝出现的主要原因。

结合案例桥梁2腹板主拉应力对预应力损失的敏感性分析可以看出,在仅配置纵向平行束的情况下,竖向预应力对腹板主拉应力起到明显的控制作用。在配置纵向弯起束位置,纵向预应力的长期损失对腹板主拉应力影响更为显著。因此建议在目前竖向预应力施工质量无法得到很好的保证的情况下,设计时适当地布置腹板弯起钢束,可以对控制腹板主拉应力起到很好的作用。

案例桥梁3的腹板出现较多的竖向和斜向裂缝的原因是重载交通及超载车辆,建议对交通情况加以治理。

(3) 重载交通是顶板纵向开裂的主要原因之一

案例桥梁1和案例桥梁2均出现了顶板纵向开裂病害,案例桥梁1几乎所有的横向加劲肋均出现开裂问题,案例桥梁2顶板病害中,几乎全为纵向开裂病害。顶板纵向裂缝出现的主要原因是横向正应力的超限。在重载交通以及梯度温度综合影响下,顶板横向正应力在靠近腹板位置,顶板中间位置会出现较大的横向拉应力,导致顶板的纵向开裂。

空间网格模型中,横梁单元不仅起到传递荷载作用,更能够体现结构横向弯曲受力的性能。横梁上、下缘正应力结果可以体现出局部荷载以及预应力下崩力等的局部效应问题,并作为判断顶板、底板横向开裂的重要依据。

(4) 剪力滞效应不能简单地归结为正、负剪力滞效应

剪力滞效应受到结构形式、荷载形式以及截面本身的特性(宽跨比、刚度比)的影响,实际桥梁施工过程中会出现结构体系的不断转换,所对应的剪力滞效应也会出现变化。以案例桥梁1为例,大悬臂施工状态时,完全自重作用下,特征位置出现负剪力滞现象;成桥状态时,该位置又表现为正剪力滞现象。更为重要的是,预应力的施加与扩散会对截面正应力的分布出现较大的影响。考虑自重与预应力效果相互叠加以后,正应力分布出现上拱形或者是波纹形规律,与传统的数值分析理论有一定的不同。传统的分析理论当中,在集中力(预应力)作用位置均未考虑扩散分布问题,精细化分析程度不够。叠加预应力以后的截面应力分布规律需要在以后的设计过程中予以重视,是否能通过有效分布宽度的概念来进行涵盖是值得进一步研究的课题。

(5) 混凝土徐变效应的影响

混凝土的收缩徐变效应是把"双刃剑",对结构的作用是两方面的:一方面

会引起预应力损失加剧,造成腹板预应力不足,徐变位移造成跨中下挠,从而导致非结构受力裂缝增长;另一方面,对大体积混凝土结构,徐变可以降低温度应力,减少收缩裂缝,还可以降低因支座位移引起的附加应力等。

针对案例桥梁 2,徐变效应不仅对跨中挠度有影响,跨中位置附近底板开裂同样受到长期徐变的影响。成桥状态底板压应力储备在 4~6MPa 之间;在考虑成桥 9 年的收缩徐变效应后,导致结构预压应力降低 3MPa 左右;考虑与活载等其他荷载进行效应组合后,此位置会出现较大的拉应力,导致底板及腹板的开裂病害。

因此在设计过程中,要充分考虑混凝土的收缩徐变效应,不仅关注由此导致的跨中挠度问题,还应该从强度角度,关注其对应力水平的长期影响。

采用空间网格模型分析箱梁结构,可以整体考虑几乎所有荷载和空间效应,无须使用多套软件进行近似"嫁接",使桥梁计算分析达到了一个新的深度,也使大跨径连续箱梁桥的结构性开裂几乎无所遁形。采用"拉应力域"混凝土配筋设计方法,可以全面保证结构的受力钢筋在极限阶段承受拉应力和主拉应力时不会屈服,也同时保证使用阶段裂缝限制在设计可接受的范围内,从而有望阻止"开裂→下挠→再开裂→继续下挠"恶性循环的持续下挠或加速下挠的发生。

第5章

箱梁桥病害加固措施及智能化加固新技术理念阐述

5.1 箱梁桥常用材料加固方法分析及智能化加固方法的提出

箱梁结构以钢筋混凝土箱梁和预应力混凝土箱梁居多,通过近几年的检测和监测可知,箱梁桥出现大量裂缝,尤其是早期应用的钢筋混凝土箱梁和近期应用的预应力混凝土宽箱梁。针对箱梁出现的开裂、下挠等病害特征,研究一种或多种配合的针对性加固技术是目前首要的问题。

目前,针对箱梁结构的加固方法,工程上常用的有粘贴钢板、体外预应力钢束、粘贴碳纤维增强复合材料(CFRP)等,以上所列加固措施有各自的特点,以下将对以上常用的和本章要研究的加固措施特点进行分析。

1. 粘贴钢板加固法

粘钢加固技术与其他传统加固技术相比,具有一些特殊的优点,其加固效果是其他几种方法无法达到的,因而该项加固技术在当前混凝土结构加固工程中运用十分广泛,其具体优点如下所述。

(1) 粘结胶层和钢板的厚度和不超过10mm,加固后结构的荷载和截面尺寸增加非常小,可忽略不计。

(2) 专用结构胶的胶层强度比混凝土的强度高,可保证粘结的钢板与混凝土协调工作,共同承担荷载。

(3) 粘结钢板,就相当于增大混凝土结构的配筋率,因而可以大大提高结构的承载能力。

(4) 粘钢加固施工工艺简单,通常不需要大的机械设备;施工周期短,在常温条件下,胶层凝结硬化只需要5~7d,便可正常发挥作用。

(5) 粘钢加固经济效益高,据统计结果表明,采用粘钢加固技术,可有效降低加固成本25%左右。

但是常规粘钢加固的梁因受二次加载影响,加固钢板存在应变滞后现象。在正常使用阶段,加固钢板的应变(应力)较小,难以明显改善钢筋混凝土梁的受力性能和裂缝开展情况,只有在钢筋屈服后,钢板应力才有大幅度增加,因此,常规粘钢加固只能明显提高梁的极限承载力,而对正常使用情况下的受力及刚度等无明显作用,加之钢板与混凝土梁之间胶层剥离、老化问题还有待进一步完善,因而限制了其在实际工程中的应用。

2. 体外预应力钢束加固法

体外预应力加固是通过张拉位于梁底的钢丝或者钢杆给预应力构件施加预应力的一种方法。这种方法可以明显地提高结构的承载力,有效地减小结构的裂缝宽度变形,甚至使裂缝完全闭合,与后张法预应力相比较,预应力筋只在锚固点与梁连接,类似于无粘结预应力结构,因此锚固点的设置事关成败,必须加强对锚固点位置混凝土的要求,另外,由于筋束的外置,虽然检查更换容易,但也更易损坏,而且由于活载受迫振动时限制了自由长度,会由于延性不足而导致突然崩断,发生事故。

目前,体外束多用于加固大箱梁结构,如大跨度预应力混凝土变截面连续梁、预应力混凝土连续刚构等,所使用的均是成品粗钢束,需要设置相当数量的转向块、限位器、导向钢管等。通过近几年的体外束加固案例发现,体外束的预应力损失是加固措施不可避免的难点,诸多工程中,体外预应力损失达到了将近40%,且预应力损失的量级没有有效测试和控制,更没有实施有效的长期监测,降低了体外束的加固效果,箱梁结构的力学性能的提升和工程投入存在矛盾。因此,有效地降低预应力损失是一个关键问题。

3. 粘贴 CFRP 加固法

使用碳纤维布加固技术,具有以下一些技术优势。

(1) 碳纤维布薄而轻,粘贴后占用的空间很小,基本不增加结构自重及截面尺寸。

(2) 强度高(约为普通钢材的 10 倍),效果好,能取得类似于钢板一样的加固效果,但其结构重量基本不增加,使加固后的结构外表仍然保持轻巧和美观。

(3) 由于碳纤维布加固使用碳纤维和配套树脂,能大大提高结构的耐腐蚀性及耐久性。

(4) 碳纤维布柔性好,易于裁剪,易于施工,施工工期短,经济性好。

CFRP 材料的缺点:(1) 抗剪强度很低,一般不超过其抗拉强度的 10%,受力时,很容易被剪断;(2) 弹性模量低,不施加预应力的 CFRP 利用率比较低;(3) 价格较贵,CFRP 由于生产工艺比较复杂,所以价格就比较昂贵。

4. 超高性能混凝土(UHPC)——类"液态金属"加固技术

泰耐克(TENACAL)材料具有五大特点:

(1) 超高抗压强度:180~250MPa;

(2) 抗折与轴拉强度如表 5-1 和表 5-2 所示;

（3）超高韧性：具有类金属变形特性，极限拉应变大于0.3%；

（4）超高耐久性：抗渗、抗冻融等性能为C60混凝土的数十倍，二者耐久性能对比如表5-3所示；

（5）良好施工性能：免蒸养，自流平，常温施工，快速恢复交通。

TENACAL材料其他性能参数如表5-4所示。

TENACAL不同龄期抗折强度值（40mm×40mm×160mm）　　表5-1

性能	型号	3d	7d	28d
抗折强度（MPa）	T180	≥30	≥32	35～45
	T120	≥20	≥22	25～35

TENACAL轴拉强度值　　表5-2

性能	型号	28d
轴拉强度（MPa）	T180	7～10
	T120	6～9

耐久性能参数　　表5-3

耐久性能参数	C60高性能混凝土	TENACAL	与C60对比
氯离子扩散系数($\times 10^{-12}$m^2/s)	0.6	0.02	1/30
氧气渗透性($\times 10^{-20}$m^2)	10	1	1/10
碳化深度（3年）(mm)	4	0.1	1/40
钢筋锈蚀速率(μm/年)	0.25	0.01	1/25
抗冻融性（快冻法）	F300	远大于F700	—

其他性能参数　　表5-4

材料性能	指标
弹性模量（GPa）	45～55
28d总收缩(10^{-6})	0～600
徐变系数	0.8
泊松比	0.2
硬化密度（kg/m^3）	2450～2550

UHPC超高性能混凝土材料由于生产工艺比较复杂，所以价格就比较昂贵。但是其具有较多的优势，可较多地应用于：

（1）解决传统技术如粘贴碳纤维布、钢板等界面（胶粘剂）老化问题，尤其适合异形复杂结构修补加固。

(2) 解决传统组合梁自重过大负弯矩容易开裂的难题，减轻自重 30%～60%，节约全寿命总投资，寿命达到 100 年以上；由于 TENACAL 高度致密性而赋予的超高抗渗性能，在做桥面整体薄层保护（10～30mm）、保护＋补强（30～50mm）或者以击鼓为主（＞50mm）时，可以取消传统工艺的防水膜，并杜绝因保护层混凝土开裂、防水膜问题等引起的桥梁结构腐蚀破坏。

(3) 利用耐久型 TENACAL 组合桥面结构技术，解决正交异性钢桥面铺装普遍存在的 3～8 年破损问题，真正实现 100 年寿命，提高行车舒适性。

(4) 超高韧性及耗能能力、耐高温性能，TENACAL 提供高抗爆、抗侵彻、抗重复打击性能，为重要军事设施、指挥所等提供更高等级防护能力。

(5) 高强及高度致密性无机基体赋予 TENACAL 超高抗冲磨性能，是 C50 混凝土的 2～5 倍。用于修补时还可同时解决因环氧砂浆与混凝土线膨胀系数不一致（差近 3 倍）而引起的变形差异大、环氧材料老化等造成的界面剥落、起鼓等耐久性问题。

(6) 高度致密性无机基体赋予 TENACAL 超高抗渗、抗冻融、抗氯离子渗透、抗硫酸盐侵蚀等超高耐腐蚀、耐久性能，是普通混凝土的几十乃至几百倍，即使在严苛海工环境下耐久性仍可达 100 年以上。

5. 智能化体外预应力加固技术（互联网＋）

智能化体外预应力钢束是较为新兴的、特色的加固技术，具有鲜明的特点和优势，是可探讨的新思路。

前文所述，体外束加固方法可以有效地抵消部分外荷载，减小挠度，缩小裂缝宽度，提高结构承载力性能。但是体外预应力损失是施工过程和运营过程不可避免的问题，大多数情况下体外预应力损失可减少 1/3 甚至还要多。因此，就需要提出新的体外束加固技术，既可以减小体外预应力损失，又可对加固效果进行评价和控制。

智能化体外束加固技术是针对减小体外预应力损失和控制加固效果而提出的。经调研，其原理是在体外预应力钢束关键部位布置光纤光栅应变传感器、光纤光栅温度传感器及压力环等装置，实时、长期及高效地监测体外预应力束的应力变化，为施工过程和正常运营过程提供短、长期监测数据，可有效地减少体外预应力损失，保障加固效果，降低加固成本。

智能化体外束加固技术是一套动态化控制系统，为箱梁病害的维修加固保驾护航。这套系统需要整体、条理地研发和布设，包括关键位置选择、系统设置等。与传统工艺相比，智能化体外束加固技术可有效提升和控制体外束的加固效果，弥补以往体外束加固技术的不足，实现低成本运作和短、长期的实时监测，是值得探究和研发的新思路。

借用"互联网＋"的理念，制作工程配套的网页或 APP（电脑/手机），将动态监测数据在网站共享,为施工、业主及监测提供一个大平台,实时查看和分析数据,节约了单位之间手续流转的时间,保障加固效果安全、透明、长效地实施。

5.2 智能化加固方法阐述

如 5.1 节所述,体外索的智能化就是将钢绞线与光纤光栅相结合,并借助数据采集、传输及识别系统,实现钢束的应力和张力监测及裂缝的动态变化监测。随着光纤光栅的应用,目前已逐步演化到了第三阶段,也即内嵌入的形式,以下将分别介绍这三种形式。

(1) 光纤光栅形式 1——点式

最初的光纤光栅布置形式为点式,即沿着钢绞线的走势方向,在关键的截面表面粘贴光纤光栅的接头,之后测点线可在箱内也可引出箱外,测试时一般是现场找出相应编号的接头,定期测试。这种方式比较机械,较为消耗人力和时间,测点易损。

如武汉长江二桥汉口侧 $7\times60\mathrm{m}$ 连续梁在上游侧箱梁内 TW1~TW12 共 12 根体外预应力钢束布置测力环,并在张拉前安装就位。TW1~TW4、TW9~TW12 钢束为一端张拉,测力环安装在张拉端;TW5~TW8 钢束为两端张拉,测力环安装在 2 号墩的张拉端,共安装 12 个测力环。汉口侧连续梁上游侧箱梁内 TW1、TW5 钢束在通过钢束转向架位置钢束表面粘贴传感器,监测钢束预应力损失情况,共安装 16 个应变传感器,1 个温度传感器。钢束体外预应力损失监测断面如图 5-1。

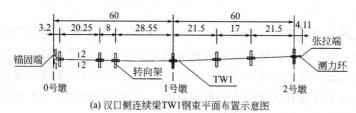

(a) 汉口侧连续梁TW1钢束平面布置示意图

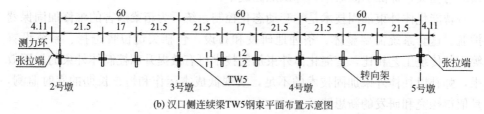

(b) 汉口侧连续梁TW5钢束平面布置示意图

图 5-1 连续梁体外预应力钢束预应力损失监测断面(单位:m)

(2) 光纤光栅形式 2——分布式

分布式光纤光栅比点式的测试范围广，更能全面地掌握梁体的受力状况，尤其是裂缝的开展、关键截面受力的变化，如图 5-2 所示。

(a) 模型桥分布式光纤光栅测点布置

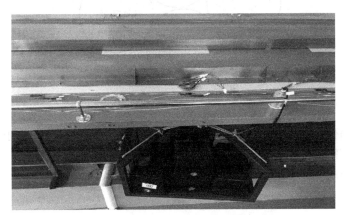

(b) 模型桥分布式光纤光栅局部测点布置

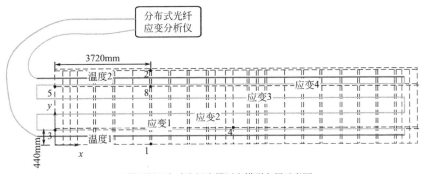

(c) 模型桥分布式光纤光栅测点模型布置示意图

图 5-2 分布式光纤光栅测点模型布置测试图

(3) 光纤光栅形式 3——嵌入式

嵌入式光纤光栅主要是针对体外索而研发出的一种形式。它是将一股钢绞线其中的一根表面刻出 1mm 的凹槽，在钢绞线生产加工时，将光纤嵌入钢绞线中，随着钢绞线的成品一起在梁体内张拉、锚固。这样的构思可以掌握钢绞线全部的受力变化，且光纤不受外部环境干扰，施工时和运营过程中的钢绞线状况可以实时监测到，测试方式可以是机械式也可以是无线传输式。构造图如图 5-3 所示。

图 5-3 嵌入式光纤光栅构造图

光纤光栅技术在其他领域运用较为广泛且成熟，在桥梁的监测领域应用尚少，尤其建管养一体化的概念刚刚兴起，故光纤光栅技术还没有一个成熟的案例，但是其优势较为明显，值得尝试和探讨。

第 6 章

结论与展望

6.1 结论

1. 桥梁结构的空间网格模型

本书对空间网格法及空间网格模型进行了详细的阐述，包括该数值分析方法思想来源、单元刚度参数计算方法、结构离散及划分方式等方面的内容。

针对薄壁结构形式，空间网格法是基于"薄壁各部分均可离散为板式构件"以及"以等效梁格替代板式构件"两种基本模拟思想的。对于具体的问题，其建模基本思想就是首先将复杂的截面形式离散成板，离散后的每个板又可以用等效梁格来代替；其次将离散后的等效梁格通过横梁单元互相连接起来，组成空间网格体系。

空间网格模型将外部效应转化为内部效应进行分析，最终以每个六自由度的梁单元受力不同来反映结构的空间效应。离散划分具有较大的自由性，既可以依据材料属性进行划分，又可以依据构件所处位置进行划分。根据腹板不同的划分方式，可以将空间网格模型归纳为两类：完全板式划分及梁＋板组合式划分。

空间网格模型均可以体现出复杂箱形截面的全部空间受力效应（包括纵向效应、横向效应等），计算结果通过三层应力的概念，可以同时考虑整体效应及加载的局部效应。空间网格法及空间网格模型均可以对桥梁结构的空间效应进行全面的体现，包括箱形梁的剪力滞效应、弯曲剪应力分布规律、扭转下的畸变变形以及翘曲正应力的分布规律等。

2. 基于空间网格分析方法下箱梁桥病害特征计算分析

通过三座案例桥梁的实际分析可以得出以下结论。

(1) 空间网格模型精细化分析可以作为判断裂缝成因的重要手段

空间网格模型精细化分析得出的结构开裂位置与实际裂缝出现位置基本一致。空间网格模型可以方便地模拟结构施工过程、温度梯度工况以及影响面活载加载计算，可以尽可能精确地模拟结构实际受力状态。空间网格模型精细化分析对各位置结构受力认识清楚，是一种实用的精细化分析方法。

(2) 主拉应力超限是导致腹板斜裂缝的主要原因

利用空间网格模型，可以判断开裂病害的成因，并对潜在病害的发展提出预测。以案例桥梁1为例，分析结果表明在边墩支撑位置以及中墩两侧36m范围内，腹板主拉应力数值较大，均保持在2MPa左右，与实际病害发生范围相同。在上述两个范围内，剪应力较大，腹板厚度不足时，抗剪承载能力不够，是导致腹板斜裂缝出现的主要原因。

结合案例桥梁2腹板主拉应力对预应力损失的敏感性分析可以看出，在仅配置纵向平行束的情况下，竖向预应力对腹板主拉应力起到明显的控制作用。在配置纵向弯起束位置，纵向预应力的长期损失对腹板主拉应力影响更为显著。因此建议在目前竖向预应力施工质量无法得到很好的保证的情况下，设计时适当地布置腹板弯起钢束，可以对控制腹板主拉应力起到很好的作用。

案例桥梁3的腹板出现较多的竖向和斜向裂缝的原因是重载交通及超载车辆，建议对交通情况加以治理。

（3）重载交通是顶板纵向开裂的主要原因之一

案例桥梁1和案例桥梁2均出现了顶板纵向开裂病害，案例桥梁1几乎所有的横向加劲肋均出现开裂问题，案例桥梁2顶板病害中，几乎全为纵向开裂病害。顶板纵向裂缝出现的主要原因是横向正应力的超限。在重载交通以及梯度温度综合影响下，顶板横向正应力在靠近腹板位置、顶板中间位置会出现较大的横向拉应力，导致顶板的纵向开裂。

空间网格模型中，横梁单元不仅起到传递荷载作用，更能够体现结构横向弯曲受力的性能。横梁上、下缘正应力结果可以体现出局部荷载以及预应力下崩力等的局部效应问题，并作为判断顶板、底板横向开裂的重要依据。

（4）剪力滞效应不能简单地归结为正、负剪力滞效应

剪力滞效应受到结构形式、荷载形式以及截面本身的特性（宽跨比、刚度比）的影响，实际桥梁施工过程中会出现结构体系的不断转换，所对应的剪力滞效应也会出现变化。以案例桥梁1为例，大悬臂施工状态时，完全自重作用下，特征位置出现负剪力滞现象；成桥状态时，该位置又表现为正剪力滞现象。更为重要的是，预应力的施加与扩散会对截面正应力的分布出现较大的影响。考虑自重与预应力效果相互叠加以后，正应力分布出现上拱形或者是波纹形规律，与传统的数值分析理论一定的不同。传统的分析理论当中，在集中力（预应力）作用位置均未考虑扩散分布问题，精细化分析程度不够。叠加预应力以后的截面应力分布规律需要在以后的设计过程中予以重视，是否能通过有效分布宽度的概念来进行涵盖是值得进一步研究的课题。

（5）混凝土徐变效应的影响

混凝土的收缩徐变效应是把"双刃剑"，对结构的作用是两方面的：一方面会引起预应力损失加剧，造成腹板预应力不足，徐变位移造成跨中下挠，从而导致非结构受力裂缝增长；另一方面，对大体积混凝土结构，徐变可以降低温度应

力，减少收缩裂缝，还可以降低因支座位移引起的附加应力等。

针对案例桥梁 2，徐变效应不仅对跨中挠度有影响，跨中位置附近底板开裂同样受到长期徐变的影响。成桥状态底板压应力储备在 4~6MPa 之间；在考虑成桥 9 年的收缩徐变效应后，导致结构预压应力降低 3MPa 左右；考虑与活载等其他荷载进行效应组合后，此位置会出现较大的拉应力，导致底板及腹板的开裂病害。

因此在设计过程中，要充分考虑混凝土的收缩徐变效应，不仅关注由此导致的跨中挠度问题，还应该从强度角度，关注其对应力水平的长期影响。

采用空间网格模型分析箱梁结构，可以整体考虑几乎所有荷载和空间效应，无须使用多套软件进行近似"嫁接"，使桥梁计算分析达到了一个新的深度，也使大跨径连续箱梁桥的结构性开裂几乎无所遁形。采用"拉应力域"混凝土配筋设计方法，可以全面保证结构的受力钢筋在极限阶段承受拉应力和主拉应力时不会屈服，也同时保证使用阶段裂缝限制在设计可接受的范围内，从而有望阻止"开裂→下挠→再开裂→继续下挠"恶性循环的持续下挠或加速下挠发生。

3. 基于光纤光栅的智能化体外束加固技术

体外索的智能化就是将钢绞线与光纤光栅相结合，并借助数据采集、传输及识别系统，实现钢束的应力及张力监测及裂缝的动态变化监测。随着光纤光栅的应用，嵌入光纤光栅的思路已形成，现处于专利批复和产品生产合作阶段，即将逐步积极地面向市场。

光纤光栅技术在其他领域运用较为广泛且成熟，在桥梁的监测领域落实应用的尚少，尤其建管养一体化的概念刚刚兴起，故光纤光栅技术还没有一个成熟的案例，但是其优势较为明显，值得尝试和探讨。

6.2 展望

基于空间网格分析方法可精细化分析桥梁的开裂成因，借助光纤光栅技术可有效监测钢束的受力和裂缝开展的动态变化，将两者完美结合，可实现更加可靠、有效的加固效果。

随着建管养一体化理念的延伸、拓展，参考采用体外索加固桥梁的案例，争取将两者结合，并在短、长期状态下发挥光纤光栅信息高效化的优势，验证一整套系统的研发应用及技术推广。

参考文献

[1] 楼庄鸿. 楼庄鸿桥梁论文集 [M]. 北京：人民交通出版社，2004.
[2] 龙佩桓. 大跨度预应力混凝土箱梁桥的有限元数值分析 [D]. 上海：同济大学，2005.
[3] 徐志民. 桥梁结构的空间网格模型及开裂下挠病害的跟踪分析 [D]. 上海：同济大学，2013.
[4] 张峰. 预应力混凝土连续箱梁开裂后的结构行为研究 [D]. 南京：东南大学，2006.
[5] 单婷婷. 预应力混凝土连续箱梁桥主梁开裂后性能研究 [D]. 上海：同济大学，2008.
[6] 周建庭，张劲泉，刘思孟. 大中型桥梁加固新技术 [M]. 北京：人民交通出版社，2010.
[7] 徐栋，赵瑜，刘超. 混凝土桥梁结构实用精细化分析与配筋设计 [M]. 北京：人民交通出版社，2013.
[8] 徐方圆. 深梁承载力计算与弯剪配筋设计的非线性网格模型方法 [D]. 上海：同济大学，2014.
[9] 刘超，徐栋. 大跨径混凝土箱梁桥剪切开裂及下挠原因 [J]. 同济大学学报（自然科学版），2009，37 (1)：1-5.
[10] 柳磊. 大跨径预应力混凝土箱梁桥开裂与下挠成因分析 [D]. 上海：同济大学，2009.
[11] 李旭. 预应力混凝土梁下挠机理及开裂后的计算方法研究 [D]. 西安：长安大学，2011.
[12] 宋宁. 高墩大跨混凝土连续刚构桥下挠与开裂成因分析及加固研究 [D]. 西安：长安大学，2009.
[13] 赵瑜. 混凝土结构抗剪配筋设计研究——"拉应力域"方法 [D]. 上海：同济大学，2011.
[14] 徐栋，尼颖升，赵瑜. 波形钢腹板梁桥空间网格分析方法 [J]. 土木工程学报，2015，48 (3)：61-70.
[15] Xu D, Ni Y S, Zhao Y. Analysing corrucated steel web beam bridges using spatial grid modeling [J]. Steel and Composite Structures, 2015, 18 (4)：853-871.
[16] 刘超. 混凝土腹部适筋梁抗剪理论与方法 [D]. 上海：同济大学，2006.
[17] Liu C, Xu D. Influence of cracking on concrete box-girder bridges [J]. The Baltic Journal of Road and Bridge Engineering, 2012, 7 (2)：104-111.
[18] Liu C, Xu D. Space frame lattice model for stress analysis of bridge [J]. The Baltic Journal of Road and Bridge Engineering, 2010, 5 (2)：98-103.
[19] Xu D, Zhao Y, Liu C, et al. Shear design of concrete beams reinforced with grid reinforcement [J]. Magazine of concrete research, 2012, 65 (2)：93-107.
[20] 徐栋. 桥梁体外预应力设计技术 [M]. 北京：人民交通出版社，2008.
[21] 文武松. 大跨度 PC 连续刚构桥挠曲开裂因素研究 [D]. 成都：西南交通大学，2009.
[22] 鄢玉胜. 预应力混凝土桥梁的徐变下挠研究 [D]. 成都：西南交通大学，2008.

参考文献

[23] 钟新谷. 预应力混凝土连续箱梁桥裂缝分析、防治及钢箱-混凝土组合梁研究 [D]. 湖南：湖南大学，2002.

[24] 黄贻凤. 桥梁混凝土开裂理论及数值分析 [D]. 武汉：武汉理工大学，2005.

[25] 尼颖升. 基于"拉应力域"波形钢腹板组合箱梁承载力配筋计算方法 [D]. 上海：同济大学，2016.

[26] Ma Y, Ni Y S, Xu D, et al. Space grid analysis method in modelling shear lag of cable-stayed bridge with corrugated steel webs [J]. Steel and Composite Structures，2017，24 (8)：549-560.

[27] 尼颖升，马晔，徐栋，等. 波纹钢腹板斜拉桥剪力滞效应空间网格分析方法 [J]. 吉林大学学报（工学版），2017，47 (5)：1453-1464.

[28] 马晔，尼颖升，徐栋，等. 基于空间网格模型分析的体外预应力加固 [J]. 吉林大学学报（工学版），2018，48 (1)：137-147.

[29] 尼颖升，孙启鑫，马晔，等. 基于拉应力域的波形钢腹板组合梁承载力配筋计算 [J]. 吉林大学学报（工学版），2018，48 (1)：148-158.

[30] Zhao Y, Hoang L C, Nielsen M P. On the conceptual basis of the crack sliding theory [M]. Copenhagen：Technical University of Denmark，2008.

[31] 徐栋，魏华. 体外预应力桥梁转向结构分析及配筋研究 [J]. 同济大学学报（自然科学版），2005，33 (6)：722-726.

[32] 夏桂云，李传习. 考虑剪切变形影响的杆系结构理论与应用 [M]. 北京：人民交通出版社，2008.

[33] 刘玉擎. 组合结构桥梁 [M]. 北京：人民交通出版社，2005.

[34] 聂建国. 钢-混凝土组合结构桥梁 [M]. 北京：人民交通出版社，2011.

[35] 黄侨. 桥梁钢-混凝土组合结构设计原理 [M]. 北京：人民交通出版社，2004.

[36] 徐栋，孙远. 体外预应力锚固横梁拉应力域法配筋 [J]. 同济大学学报（自然科学版），2010，38 (7)：961-968.

[37] 黄侨，张连振，马桂军. 基于塑性理论的钢筋混凝土简支深梁的抗剪强度研究 [J]. 工程力学，2005，22 (4)：167-170.

[38] 邓锦平. 体外预应力混凝土桥梁关键部位设计方法 [D]. 上海：同济大学，2008.

[39] 窦巍. 组合梁桥基于应力的配筋设计方法 [D]. 上海：同济大学，2010.

[40] 徐栋，刘超，赵瑜. 混凝土桥梁结构分析与配筋设计的精细化 [C]//中国土木工程学会桥梁及结构工程分会，上海市城乡建设和交通委员会. 第十九届全国桥梁学术会议论文集（下册）. 北京：人民交通出版社，2010：204-210.

[41] Liu C, Xu D. Application of space frame lattice model in a box-girder bridge [C]//IABSE. Proceedings of Bangkok IABSE Symposium. Bangkok，2009：148-157.

[42] Xu D, Xu F Y, Zhao Y. Modelling of a major composite cable-stayed bridge [C]//IABSE. Proceedings of Venice IABSE Symposium. Venice，2010：250-251.

[43] 苏庆田，杨国涛，曾明根. 宽箱组合梁桥施工过程中受力的有限元仿真分析 [J]. 结构工程师，2011，27 (2)：78-83.

[44] Bazant, Z P, Yu Q, Li G H, et al. Excessive deflections of record-span prestressed box

girder [J]. Concrete International,2010,32 (6):44-52.

[45] 谢峻,王国亮,郑晓华. 大跨径预应力混凝土箱梁桥长期下挠问题的研究现状 [J]. 公路交通科技,2007,24 (1):47-50.

[46] Bažant Z P, Yu Q, Hubler M H, et al. Wake-up call for creep, myth about size effect and black holes in safety: what to improve in fib model code draft [C]//Czech Concrete Society. Proceedings of the fib Symposium on Concrete Engineering for Excellence and Efficiency. Prague, 2011: 731-746.

[47] 文武松,周新亚. 苏通大桥辅航道连续刚构桥建造技术 [M]. 北京:中国铁道出版社,2010.